結局、仮説で決まる。

思考を発散させて
可能性を広げる
クリティカル・シンキング

柏木吉基

日本実業出版社

序章

どうして様々な方法論が
活かせないのか？

データ分析活用の専門家である私が
「データ分析の手法」を重視しない理由

■ 何となく仮説を立てている人は多い

　本書を手に取っていただいた人の多くは、「どうすれば自分ももっと良い仮説を立てられるのだろう？」と悩まれているのではないでしょうか。

　以前から「仮説」の重要性についてよく耳にしますが、では、どうやってその仮説を立てるべきなのか、という大事なポイントを押さえないまま、何となく自分の思いつきで仮説を立ててみては「本当にこれで良いのかなぁ」とモヤモヤしながら、時間が過ぎていく──。そのような経験をされているのではないでしょうか。

　「これは自分のことだ」と思った方、安心してください。こうした悩みは、あなただけのものではありません。むしろ、とても多くの方がモヤモヤしながら、もがいている状況だと思います。

　では、私がそう感じる背景を紹介します。

　私は大学卒業後、日立製作所や日産自動車で、いわゆるサラリーマンとして20年近く働いてきました。大きな組織におけるプロジェクトや実務の中で、経営、営業、マーケティングやモノづくりなど、様々な実務の意思決定、問題解決や企画提案などに携わってきました。もともと理系出身で数学や物理などが大好きだったこともあり、これらの問題解決や企画提案にいつも数字（データ）を武器にして挑んできました。

現場における業務改善から経営レベルの意思決定に至るまで、その課題レベルや内容は大きく違えど、最終的に「承認」されたり「共感」「納得」されたりする提案と、そうでないものは何が違うのか。どうすれば、より説得力を持たせ、最終的により大きな効果につながる企画や提案ができるのか。私は、実務を通して、どんなビジネスパーソンにも共通する、このゴールをずっと追求してきたのです。

　約20年間にわたるそれらの経験や実績をもとに、2014年に独立し、その後現在に至るまで様々な企業や地方自治体などのクライアントに向けて、「データを武器にした問題解決スキル」の向上を目指した人材育成のサポートなどをさせていただいています。
　こうした自らの実務経験、そして独立してからのクライアントに対するサポート経験から1つ見えてきた大切なことがあります。

■方法論だけではアウトプットの質を高めることができない

　世の中には、例えばデータ分析や統計学、その他様々な問題解決の手法やツールなどが存在します。それら1つひとつは、もちろん有用なのですが、そうした"方法論"の種類を増やしたり、ある方法のレベルを上げたり（深めたり）するだけでは、より質の高いアウトプットが生まれるとは限らない、ということです。
　ここで、「質の高さ」とは、分析結果の精度の高さや計算ミスがないことではなく、その結果（アウトプット）によってもたらされる効果（成果）や効率などが高いことを意味します。
　質の高いアウトプットを生むことをゴールに置くことは、ビジネスパーソンをはじめとする実務者の狙うところに他ならないからです。私も常に、この実務的なゴールを意識しながらクライアントのサポートを行っています。

図0-1　質の高さとは？

一方で、自分のゴールであるパフォーマンスや改善効果を高めるために、もしくは、より精度の高い分析結果を得るために、これらの方法論のバージョンアップだけをひたすら目指す人は少なくありません。しかし、方法論のバージョンアップだけをしても、「う～ん、やっぱり、なかなかレベルの向上が実感できない」となっているのです。

皆さんや、皆さんの周りの人は、このような状況に陥っていませんか。

私が提供するプログラムは、講義と一般的な事例を使った演習で構成される、いわゆる「（ただ理解するだけの）研修」の提供だけに留まりません。研修で「理解した」内容を、自らの業務課題で「できる」までやってみて（実践してみて）、さらにそのアウトプットの「質を上げる」ところまでの実践をワークショップ形式で行います。

すると、同プログラムを受講された方は、単に「方法論」を学んで理解した"だけ"では、目の前の業務課題への実践はとても難しいことに気づきます。でも、その"壁"をどのように克服するのかがわからないと、先に進めないのです。言い換えれば、学んだ方法論をとりあえず"使ってみて"計算結果を出すことはできても、その結果（アウトプット）が十分に合理的でなかったり、効果的でなかったり、あるいは、自分がうまくできていなかったりすること自体に気がつけないということが頻発します。

図0-2　著者が提供しているプログラム

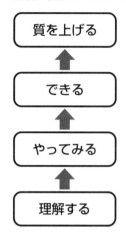

　これらの原因となっている“**本質的なポイント**”が、これまでの問題解決やデータ分析の活用といった「方法論を重視する」人に大きく抜け落ちている部分であり、本書で取り扱う内容です。

「仮説」が結果（アウトプット）の質や成否を大きく左右する

■誰でも日常的に「仮説」を立てている

前節で述べた "本質的なポイント" は１つだけではありませんが、少なくともその中のとても重要なポイントの１つが「仮説」だと言えます。

「仮説を立ててから問題に取り組みなさい」といった、いわゆる "仮説思考" を耳にすることがよくあると思います。

仮説思考とは、まず「こうかな」と思う考え（アイデア）を仮説として立て、その仮説に沿って確認や検証を行うアプローチのことです。

これだけだととても漠然としていますが、仮説思考は皆さんも日常生活の中で使っているはずです。

例えば、オフィスからの帰宅途中にハンカチをなくしてしまったことに帰宅後、気づいたとしましょう。

なくしてしまったことに気がついたら、まず何をしますか？

「どこで、なくしてしまったのだろう？」

これを考えますよね。そうであれば、例えば、次のように考えると思います。

- オフィスのデスクに置いてきてしまったのかもしれない
- 駅で定期を取り出すときに誤って落としてしまったのかもしれない
- いつもと違う場所に入れてしまって気づかなかったのかもしれない

そして、そうした考えに沿って、カバンの中を調べたり、駅の落とし物係に問い合わせたり、明日デスクをもう一度確認してみよう、といった確認行動につなげるはずです。

　この「かもしれない」のアイデアが"仮説"そのものです。日常の他の場面でも、我々はこの仮説を立てて、より効率的に行動や判断につなげているのです。

■ 成果が出るかどうかは「仮説」次第

　ところが、先ほどの例で言えば、ハンカチが見つかるかどうか（思ったように成果が出るかどうか）は、確認の仕方の良し悪しも影響しますが、それ以上に仮説が十分であったか、適切であったかによって左右されます。もし、先ほどの３つの仮説以外の場所で落としていたら永遠にハンカチは見つからないですし、オフィスのデスクと言っても、デスクの上だけではなく、引き出しの中も対象として考えたかどうかで、ハンカチが見つかるかどうかの成否が分かれるかもしれません。

　この「仮説」に私が着目したきっかけは、私が提供している「データ分析活用」のプログラムです。

　かつて私も、多くのいわゆる「データ分析研修」がそうであるように、分析のやり方（方法論）や統計学などの知識の紹介にある程度力点を置いていた時期がありました。もちろん、分析のやり方や理論を丁寧に説明すれば、「どうやれば良いか」を理解いただくことができます。

　ところが「では、やってみましょう！」となると、目の前にあるデータに学んだ方法論をそのまま当てはめてグラフや計算結果を出し、そこから何か気づきを得よう、という流れが起こります（ある意味、当たり前です）。そこから得られた情報を発表してもらうと、方法論や計算としては全く間

違っていないものの、何となく納得しがたい内容ばかりなのです。

「このデータを使って、このグラフで表したら、
　こういうことが読み取れました」

このような説明がいくつものデータに対して続き、それが結論となっているのです。

図0-3　よくあるグラフ

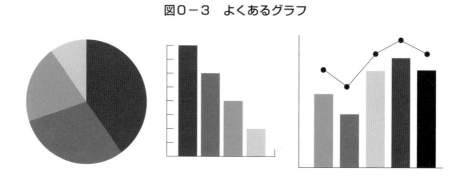

その結果、研修の中で講師として私から受講者にいくら懇切丁寧に方法論や知識を説明しても、いくら好事例をたくさん紹介しても、そして、それに基づいて学んだ知識や方法論を受講者が適切に使ったにもかかわらず、期待した効果や成果が出ないことに頭を抱える受講者（問題解決担当者、データ分析担当者など）に次々に遭遇したのです。

先ほどのハンカチの例で言えば「私は（自分が思いついた）３ヵ所を徹底的に探しましたが結局、ハンカチは見つかりませんでした」といったプレゼン内容になります。これを聞くと「ちょっと待って、他の場所で落とした可能性はないの？」と言いたくなりますよね。つまり、“仮説”が十分ではなかったのではないか、ということです。皆さんにも職場やプレゼンの場で聴衆側として、こういった感覚を持った記憶はないでしょうか。

このように、仮説は結果を大きく左右する要素であるにもかかわらず、この仮説の立て方や考え方について、（少なくとも一般的な日本人は）学校や職場で公式に学ぶ時間や機会がほとんど提供されていないという大きな問題があります。

　そこで、仮説を立てることも含め、本質的な"考える"部分をしっかり習得することが必要であり、それを習得して、はじめて様々な分析や手法が活きてくるのです。

成果を出すために必要な要素
――OSとアプリの関係

■仮説はOS、各手法はアプリケーション

このように考えると、仮説とは、すべての問題解決や企画提案にとってのOS（WindowsやmacOSなどに代表されるOperation Systemの略称）に相当すると言えます。すると、「問題解決手法」や「データ分析手法」「データサイエンス」などは、いずれもOS上で動くアプリケーションととらえることができます。

この原稿を書いているMicrosoftのWordやデータ分析に使うExcelなども適切なOSが機能している上で、はじめてその効力を発揮しますよね。

つまり、いくらアプリケーションの機能やバージョンを追加して進化させても、基盤となるOSが存在しない、もしくは不十分であれば、そもそもの目的は達成できないのです。

誤解いただきたくないのですが、私は、このアプリケーションについて全く放置したままで良いとは考えていません。適切なOSがあるという大前提のもと、これらアプリケーションの機能も良いに越したことはありま

図0-4　アプリケーションとOS

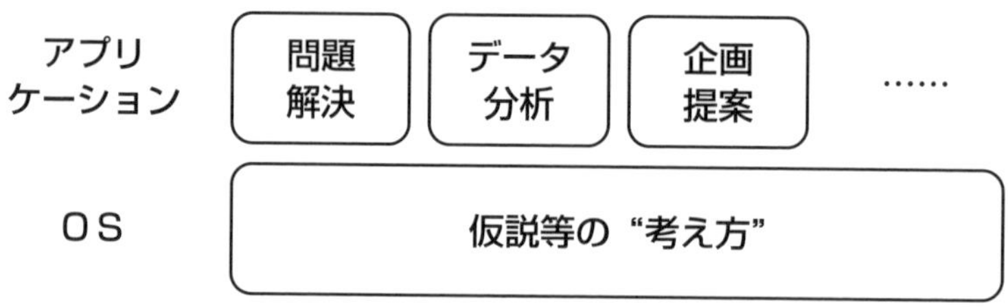

アプリケーション	問題解決	データ分析	企画提案	………
OS	仮説等の "考え方"			

せん。つまり、このOSとアプリケーションは目的達成のために必須の両輪であるものの、片方（特にOS側）が著しく欠落してしまっているケースが多いことを問題視しているのです。

■成果を上げる人に共通する思考法 ——クリティカル・シンキング

そして、この問題意識のもとに、多くの私の「データ分析活用」のプログラムにおいて、まずは「仮説立案」スキルの習得を組み込むことを始めました。その主な内容は、私がサラリーマン時代にお仕えした様々な経営者が重要な案件を意思決定する際の視点や思考に多く触れた経験が出発点になります。

ワールドクラスの逸材として世界中から集められた役員級の人たちが「どうして、そういう発想に至ったのだろう？」「どこに目が向いているのだろう？」と、こちらが驚くような指摘や判断の数々を目の当たりにする中で、彼らに共通する思考も見えてきたのです。

私が独立し、多くのクライアントのデータ活用や問題解決をお手伝いする中で、そのポイントがまさに成果を左右することも経験を積めば積むほど明らかになってきました。その思考を実践する方法は様々あると思いますし、本書で紹介する"方法"をこれらのエグゼクティブがそのままやっていたとも思いませんが、共通して言えることは「**クリティカル（批判的）に考え、思考を広げている**」という点です。

この点をできるだけわかりやすく解説し、取り組みやすい方法論に落とし込んだものが、私のプログラムの根幹となりました。

また、誰でも年間数回受講できる公開セミナーでは、「仮説立案実践講座」として過去数年にわたって実施しており、毎回多くの方に受講いただき、同時に非常に高い評価をいただいております。

さらには、客員教授として携わっている多摩大学大学院の社会人向けMBA（Master of Business Administration：経営学修士）コースの中で、より良い仮説の立て方を中心に据えた「クリティカル・シンキング」の授

業を行っています。なぜ、クリティカル・シンキング（批判的思考）が仮説立案と関係するのか、本書の第3章以降をお読みいただけると、その理由がわかるでしょう。

　企業研修などでも、この"仮説立案"について実施すると、「この内容が復習できるような事例集やテキスト、書籍などはありますか？」という質問を多くいただきます。それに対して、これまでは、「どんピシャリの内容を網羅したものは見たことがないですね」というお答えをしてきました。

　というのも、これまでセミナーや研修などで"仮説立案"を扱ってきましたが、様々な事例も含めて書籍にすることは意図的に控えてきたのです。
　それは、この仮説立案が「このようにやればできます」とか「これが正解です」といった他の多くのスキルと横並びにできない代物であるためです。"一冊の本で一般論を説明する"よりも"その場で実践し、個々のケースに応じて対応する"ほうが理に適っていると考えたためです。
　そのため、その人のその現場の個々のケース（課題）において、「その人がどう考えたのか？」という具体的な内容に対してフィードバック（指摘）やアドバイスなどをしながら理解と実践スキルを深めていくことを進めてきました。

　この考えはもちろん今でも変わりませんが、それでも「これって何かお勧めの本はありますか？」と聞かれることがあまりにも多く、そして世の中にピッタリの書籍が存在しないことも事実であるため、できるだけ多くのケースを織り込みながら執筆する気持ちになりました。
　数多くの実践的な事例に触れてきて、その知見や事例数も相当積み上がった、ということも書籍化に踏み切った背景にあります。

　本書はまず第1章で、目指すべき「良い仮説」とは何かについて理解を

深めます。

　続く第2章では、仮説を立てるときに"どこに向かって仮説を立てるのか"を明確にする上で極めて重要な「ゴール」の設定について学びます。

　第3章からは、「仮説」のつくり方について本格的に解説していきます。仮説の種類と考えるプロセス（順番）やテクニックなどについて紹介した後に第4章で、実際のケースを紹介しながら読者の皆さんと一緒に考えてみたいと思います。

　ここでも「これが正解です」というものはありませんので、じっくり考える時間を取っていただきたいですし、学校の試験問題のような「正解」がない不安定さにも慣れていただきたいと思います。**"正解を探す"という発想から"正解を創る"という発想への切り替えが重要です。**

　最後に補足的に、私の強みであるデータ活用をベースに、せっかく立てた仮説の"検証"方法のテクニックや考え方を紹介したいと思います。これがあると、仮説立案から仮説検証まで一連のプロセスが進められるようになると思います。

　それでは、頭を柔らかく視野を広く持って、本書を楽しんでください。

思考を発散させて可能性を広げるクリティカル・シンキング

結局、仮説で決まる。

● 目次 ●

第 **2** 章
目的のない仮説は意味がない ──ゴールの定義

第3章
良い仮説をつくるためのテクニック

第5章

データ分析による仮説検証

カバーデザイン　小口翔平＋後藤　司（tobufune）
本文ＤＴＰ　一企画

第 **1** 章

良い仮説、悪い仮説

どのような場面で仮説は必要となるのか？

■仮説を使うシチュエーション

　仮説を適切に立てて役立てるためには、どうすれば良いか。この本書のメインゴールについて考える前に、そもそも仮説とは何を考えるものなのかについて理解を深めておきましょう。

　ところで皆さんは、「仮説を立てて進めましょう」と言われたものの、一体何を考えれば良いのか悩んだことはありませんか？

　まずは仮説として何を考えれば良いのかを理解せずに、その中身の良し悪しについて吟味するのは難しそうですね。

　ではまず、「仮説として何を考えるのか？」を具体的に考えるために、「仮説を使うであろう主な場面（シチュエーション）」を考えてみましょう。皆さんの日々の実務場面も具体的に思い出しながら読み進めてください。

　世の中一般においては、仮説を立てる必要があるシチュエーションは様々あると思います。ただし、本書では、次のことを前提に考えてみたいと思います。

「実務において、“問題解決”や“企画提案（アイデア提案）”などを行うことを目的に仮説を立てて進める」

■問題解決と企画提案

　ここで、問題解決とは、例えば、次のようなケースです。

- 担当製品の売上が過去3ヵ月毎月減少している状況を食い止めたい
- 最近、お客様からのクレームが多発しており、顧客満足度の向上を実現したい
- 職場全体の労働時間が高止まりして、皆疲弊している環境を改善したい
- 生産現場（工場）での不具合率を低減させたい
- 町の高齢化により、移動に支障をきたしている高齢者の増加を食い止めたい

　いずれも何かしら "困り事（問題）" が顕在化していて、その状況を解決、改善したいというケースです。

　一方、企画提案とは、例えば、次のようなケースです。

- 新しく立ち上げた「イノベーション部門」に必要となる人数を提案したい
- より効率的な活動ができる営業部隊のチーム編成と役割の再構築を提言したい
- 今よりも費用対効果が向上するマーケティング施策を提案したい

　この2つの場面に絞ったのは、おそらく多くの実務の現場で必要とされることは、この "問題解決" と "企画（アイデア）提案" のいずれかに該当するだろうと思われるからです。

　また、この2つは必ずしも明確に線引きできる（すべき）ものでもなく、例えば、ある問題を起点に、企画提案の発想に結びつけたというケースもあるかもしれません。

例えば、次のようなケースです。

（A）目の前の問題　：ある商品の利益率が落ちてきている
（B）提案したいこと：より費用対効果が高いプロモーションの提示
　　　　　　　　　　　をしたい

（A）目の前の問題　：我が町の人口が減少している
（B）提案したいこと：より多くの人が移住してくるような町おこし
　　　　　　　　　　　施策を提案したい

　いずれのケースも（A）だけを見れば、"問題解決"の範囲と言え、（B）だけを見れば"企画提案"とも言えますが、（B）の発想はもともと（A）という問題があったからこそ出てきたと考えれば、（A）＋（B）をセットで考えると"問題解決"とも"企画提案"とも言えるわけです。

　ただし、ここで一番お伝えしたいのは、個々のシチュエーションにおいて、それが"問題解決"なのか"企画提案"なのかを厳密に1つひとつ正確に定義することは、「仮説で何を考えるか」においては必ずしも重要ではないということです。本質的に両者に大きな違いはないためです。

　実際に皆さんが対峙する（している）であろう個々のケースにおいては、必ずしも目の前に顕在化された問題が出発点ではないこともあり、すべてを"問題解決"のケースとして括ってしまうと、「あれ？　私は単に新しい観光客誘致の提案をしたいだけで、問題解決という認識はないのだけど……」という混乱を招いてしまうこともあります。

　そのため、まずは、"企画提案"と"問題解決"の入口の整理・確認をしてみると、**図1－1**のようになります。

図1-1　企画提案と問題解決

①【企画提案】　　　　　～を向上させたい
　　　　　　　　　　　　　～を新規に開発したい
　具体的な困り事はない　～を立ち上げたい
　　　　　　　　　　　　　～を開始したい　　　　など

②【問題解決】　　　　　～を低減しなければならない
　　　　　　　　　　　　　～が多くて困っている
　具体的な困り事がある　～の問題を解消したい　　　　など

図1-2　企画提案と問題解決の関係性

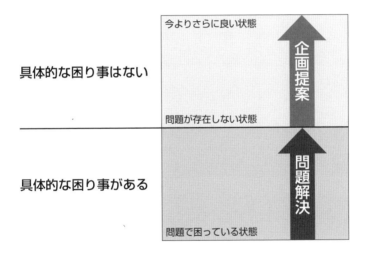

　また、この2つの関係性を図で描くと、**図1-2**のようになります。これを見ると、スタートは何かの問題であっても、その最終提案（結論）は上半分の"企画提案"の領域に入っていることもありそうなことがわかりますね。皆さんは、どのような提案（結論）を最近目にしましたか？　もしくはご自身でつくられましたか？

仮説とは一体、何を考えれば良いのか?

■ 問題解決あるいは企画提案のプロセスと仮説

では、話を「仮説とは何を考えれば良いのか?」に戻しましょう。

小学館『デジタル大辞泉』には、仮説の定義として、次のような記載があります。

> 「ある現象を合理的に説明するため、仮に立てる説」

確かに、このとおりなのですが、残念ながらこれだけでは「自分が何を考えれば良いのか?」の答えにはなりません。

先ほどの"問題解決"をケースとして、その結論に至るまでの道のり（プロセス）を考えてみましょう。

問題解決あるいは企画提案の一般的なプロセスは、**図1−3**のとおりです。

図1−3　問題解決あるいは企画提案のプロセス

STEP1	STEP2	STEP3	STEP4
ゴール（目的や問題）を決める	現状を（細かく具体化して）把握する	要因を特定する	結論（提案）をつくる

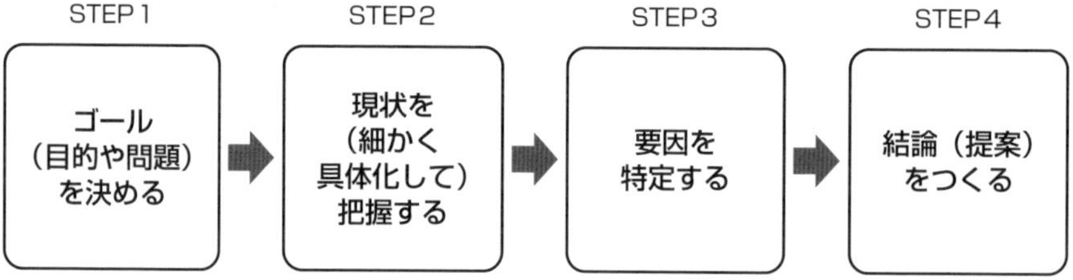

個々のプロセスの中身については、本書の第2章以降で詳しく説明しますので、ここでは全体の流れを大まかに理解していただければ十分です。

　問題解決あるいは企画提案のプロセス全体は、**図1－3**に示したとおり、大きく4つのステップから成り立ちます。

　まず、STEP1（ゴールの設定）では"**ゴール**"を定めます。ここでのゴールとは、"問題解決"であれば解決したい「問題（困り事）」であり、"企画提案"では実現したい「目的」となります。

　次のSTEP2（現状把握）では、足元の"**現状把握**"をできるだけ客観的に行います。何事も目の前で何が起こっているのかわかっていないと、先に進めないですよね。それを具体化、明確化するためのステップです。

　続くSTEP3（要因特定）では、STEP2で確認された現状に対して、「なぜ」そうなっているのかを特定します。この「なぜ」は"問題解決"においては"**要因**"あるいは"**原因**"という言葉に、"企画提案"では"**根拠**"という言葉に置き換えることができます。ここでは、それらを合わせて"**要因**"と表現しておきます。

　最後のSTEP4（結論あるいは提案）では、STEP3で特定された要因に対して、どのような施策、対策などが合理的か、その答えを結論として出します。あくまで、この結論の中身は、STEP2で確認された現状ではなく、STEP3で特定された要因に対するものであることがポイントです（この点も第3章で詳しく説明します）。

　そこで考えるべきことは、このプロセスの中で「仮説」が登場するのはどこなのか、です。
　登場する場所によって「考えるべき内容」が異なるためです。

■「現状仮説」と「要因仮説」と「ストーリー仮説」

　結論を先に言えば、STEP2（現状把握）およびSTEP3（要因特定）それぞれのSTEPに対して、その作業に入るための仮説が必要になります。その必要とされる仮説の中身を簡単に表現すると、以下のようになります。

【STEP2（現状把握）に必要な仮説】
「現状を適切に把握するためには、どのような切り口でとらえるべきなのか？」

【STEP3（要因特定）に必要な仮説】
「把握された現状の背景にある要因は、どのようなものがあるか？」

　それぞれのSTEPで確認・検証すべき内容の“想定”をあらかじめしておく、ということがわかります。また、STEP2とSTEP3とで求められる仮説の内容が異なることにも注意が必要です。

　これを明確に区別するために、私は【STEP2（現状把握）に必要な仮説】を「現状仮説」、【STEP3（要因特定）に必要な仮説】を「要因仮説」と呼ぶようにしています。あくまで、私が仮説の区別をするためにつけた呼び名です。

　さて、考えるべき仮説として、この2つですべてかと言うと、実はそうではありません。もう1つ重要な仮説があります。それは、最終的な結論を導くための「**全体のストーリーについての仮説**」です。

　問題解決であれ、企画提案であれ、究極の目的は、結論（提案）に到達することにあります。でも、最終ゴールである提案に向けて、「どのような情報が必要なのか？」、そして、「それらの情報をどのような順番でどのように拾い集め、確認するか？」が自分でわかっていないと、常に「行き当たりばったり」の作業となってしまうでしょう。その結果、途中で行き

先と自分がいる立ち位置を見失ってしまい、迷走してしまいます。

　よくあるのが、たくさんのデータを集めて、次々にグラフで可視化したり、合計や平均など、いろいろな指標で集約したりしたものの、「えっと、これで結局、何が言える／何を言わないといけないんだっけ？」という状況に陥るケースです。こうしたケースは、多くの人が身に覚えがあるのではないでしょうか。

　その状況で、いくら近視眼的に現状仮説や要因仮説を立てたとしても、全体としての筋道やストーリーを構成するときに役には立ちません。

　つまり、ここでは、次の2点を仮説として、あらかじめ考えておく必要があるのです。

---

①結論を出すために必要な情報は何か？
②その情報は、どのようなプロセスで確認すべきか？

　全体の筋道（ストーリー）を事前に想定しておく仮説であるため、私はこれを「**ストーリー仮説**」と呼ぶようにしました。

　ここまで紹介した3つの仮説、すなわち「現状仮説」「要因仮説」「ストーリー仮説」が適切な筋道に沿った合理的な提案につながるために必要な要素だと考えています。

　これら3つの仮説の位置づけを概念的に書くと、次ページの**図1−4**のようになります。

　同図中の3本の線は、ストーリー仮説を表しています。このケースだと、スタート地点からゴールに至るまで3つの筋道候補がスタートを切る前に仮説として立てられていることを示しています。

　それぞれのストーリーの中で、現状把握、要因特定といったSTEPが進みますが、先に述べたとおり、現状仮説を立ててから現状把握、要因仮説を立ててから要因特定という検証・確認作業が行われます。

図1−4　3つの仮説の概念図

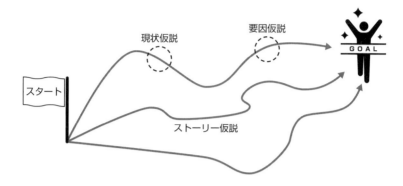

「ストーリー仮説」：ゴールを想定して、そこに到達する道筋を描くこと
「現状仮説」&「要因仮説」：道筋の途中で確認、意思決定に必要な内容を想定すること

　「ストーリー仮説」はすべてのSTEPを通した視点で、「現状仮説」と「要因仮説」は個々の検証・確認作業の視点で考えることになります。
　この3つのうち、どれか1つでも欠けていると、結論に至る内容のどこかが主観的になったり、想定なく作業した結果論になったりして、説得力が落ちてしまいます。

　「仮説」と聞いて多くの方が何となく抱くイメージは、「要因仮説」に近いのではないでしょうか。つまり、例えば、次のように考えてみること＝仮説という図式です。

「ＸＸＸという問題の原因は何だろう？」
「どうして、こんなことが起こったのだろう？」

　その理解自体は、間違いではありません。ただし、仮説として必要なことの一部でしかないということです。

良い仮説とは、どういう仮説か？

■一見、良さそうに思える仮説

　次に、"良い仮説" と "悪い仮説" について考えてみましょう。

　私は、自分が講師を担当するセミナーや研修の中で「あなたにとって良い仮説とは何ですか？」という問いかけをします。ぜひ、皆さんもご自身にとっての "良い仮説" とはどのようなものか、まず考えてみてください。

　以前、セミナーでこの質問をしたときに、様々な（本当に十人十色の）回答が出てきましたので、その一部をこちらで紹介しておきましょう。

- 検証可能な仮説
- 事実（ファクト）に基づいている仮説
- データで確認した内容から言える仮説
- 解の方向性を絞るために有効な仮説
- みんなが納得できる仮説
- すべてのリスクが考慮されている仮説
- 説明がつく仮説
- 現実的で飛躍がない仮説
- 精度の高い仮説
- 限定的でなく、様々な前提や条件が考慮されている仮説

　いかがでしょうか。どれも、それなりに理に適っているように見えますよね。

では、これらの中で比較的よく登場する"良い仮説"と多くの人に思われているものについて考えてみましょう。

①検証可能である仮説

仮説は仮説のまま持っていても、アイデアのストックとしてはいつか使えるかもしれませんが、目の前のゴールに対しては何の価値も発揮しません。その仮説が正しいかどうかが客観的、合理的に検証・確認できて、はじめて意味を成します。

ところが現実的には、すべての仮説が検証可能であるとは限りません。単に検証するためのデータが手に入らない、存在しないといった情報不足が理由となっているケースは少なくありません。

例えば、「この商品が売れなかった理由の1つは、パッケージのデザインが気に入らなかったからかもしれない」という要因仮説を検証したいとします。ところが、買った人からは購入後のアンケートなどで購入理由を聞くことができますが、そもそも購入していない人は、その人を特定することができないため、"買わなかった理由"を確かめることは極めて困難です。

となると、この仮説は、立てることはできても、検証できないことになります。

一方、もしかしたら本当は事実を言い当てた妥当な仮説である可能性があるため、仮説の中身が良いか悪いかという評価はできません。ただ、実務上扱いづらい仮説ということにはなるでしょう。

逆にとらえれば、いくら妥当性がありそうな仮説であっても、検証不可能な仮説だけを挙げても、実務上そこから先に進めなくなってしまいます。実際に仮説を立てるときには、この「検証可能性」についても、ある程度想定しながら考えることも必要です。

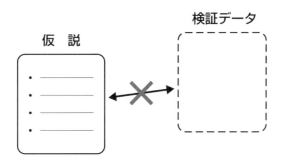

図1−5　検証不可能な仮説

仮　説

検証データ

しかし、検証可能であること（＝自分たちが情報を持っている範囲の内容）に必要以上に思考を奪われてしまうと、いつも見ているあのデータや表、グラフがチラチラ頭をよぎり、そこに思考がロックインされて（固定されて）しまうという“よくある落とし穴”に陥りがちです。

　しっかり仮説を立てて、その検証に必要な情報を特定して、実施して……というサイクルを回し始めた仮説検証型の取り組みの初期では、このような状況がよく起こりがちです。まずは、既存の情報に囚われず広く自由に仮説を挙げ、そのあとに検証可能性を考えてみるという進め方がおススメです。

　一方、中長期的には、仮説検証型の取り組みを繰り返すことで、組織やチームにとって（自分たちの業務遂行に必要な仮説を検証するために）必要な情報は徐々に明確になってきます。そうなれば、この検証不可能という問題は解決されていくはずです。理想的には、その状況に近づけていきたいところですね。

②事実に基づいている（精度が高い）仮説

　あまりに当てずっぽうに仮説を立てても、検証した結果、それらのほとんどが「事実（ファクト）ではなかった」とすれば、"では一体、本当は何なのか？"という疑問だけが残り、先に進むことができません。その意味で、「事実に近い＝立てた仮説が正しかった」という図式が成り立つほうが、話は早いと言えます。結論に至るまでの全体工程も、それだけスムーズに効率的に進めることができるでしょう。

　例えば、「明後日の役員会議までにしっかりと調査して提案をつくっておけよ」など、短時間でそれなりに説得力のある結論を出さないといけない状況では確実に仮説が検証でき、しかもその検証した仮説が正しかったほうがありがたいわけです。

　このように良いこと尽くめに見える「事実に近い仮説」ではありますが、これは検証した<u>後</u>に"検証したら事実であった"ことがわかる事柄です。

　つまり、仮説を立てる段階や検証する前では、それが「事実に近いもの」か否かは、客観的には判断できません。"事実"そのものが何なのか、仮説構築時点ではわからないのです。

図1-6　事実に基づいている仮説

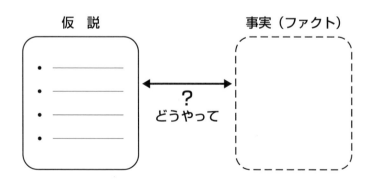

これと同じく、「より精度が高い仮説」が良い仮説であるという意見も見られます。おそらく、言わんとすることは「事実に近い」と同じだろうと思います。特に、この"精度が高い"の表現には「仮説は事実を言い当てるほうが良い」という評価基準があるように思えます。

　「仮説を立てたは良いけれど、調べてみたら実際はそれとは違っていた」というのは、仮説検証作業の失敗に近いと感じてしまうのではないでしょうか。気持ちはわかります。「自分で想定した仮説を調べたら、事実は本当に仮説のとおりでした」と言えるほうがすっきりしますし、良い仮説を立てられた気分にもなるでしょう。そのまま、すんなりと結論に直行できそうです。

　ところが、「仮説が事実と違っていた」ことも情報として大きな価値を持ちます。例えば、次のような場面に出会うことは少なくないのです。

仮　　説：工場ラインで不良品を適切に発見できる割合は、勤続年数
　　　　　が長いベテランのほうが高い（したがって、新人を中心に
　　　　　勤続年数が少ない社員に対してトレーニングを課すことで
　　　　　全体としての発見率は上がる）

検証結果：作業員の勤続年数と不良品発見率との間の関係性は見られ
　　　　　なかった

　この例のように、職場で長年"当たり前"として認識され、それに基づいて様々な施策や対策がなされてきているものの、誰もこれまでのその妥当性を検証した人がおらず、誰も"おかしい"とか"やめるべき"とか言い出さないまま続けられていることは少なくありません。すなわち、（当たり前と思われていた）仮説が間違っていたことが判明して、はじめてこの事実に気づくことができるのです。

長年の業務経験や職場の同僚や先輩、顧客からの意見などで「そうに違いない」と（自分たちが主観的に）思っていることは確かに、単なるその場の思いつきに比べれば事実に近い"かも"しれません。しかし、それらはまだ客観的に裏づけされたものではなく、あくまで主観的な域を出ていません。

　とはいえ、少なくとも、自分が持っている主観的知識を総動員して、事実（と、この段階で思われるもの）から大きく外れっぱなしにならない仮説を考えることは大切です。

　ただし、自分の感覚や知識、主観に頼りすぎると、後述する"良い仮説"に必要な「より広い視点」を失うという致命的な落とし穴に陥るリスクも急速に高まるので注意が必要です。

③データで確認した内容から言える仮説

　このポイントも、よく挙がります。全く情報がない、真っ新な白い紙に「何でも良いから仮説をどんどん書いてみましょう」と言われ、目の前の白い紙と睨めっこしながら「う〜ん」と唸り続けている光景が容易に目に浮かびそうです。そして、実際にワークショップなどで同じように言うと、そういう人をたくさん目にします。

　これは、未知のテーマや課題に対してではなく、毎日触れている自業務の課題についてやってもそうなります。もし、いくつもの選択肢が提示され、その中から「あなたが仮説（例えば、自業務の課題の要因仮説）と思うものを選んでください」と言われると、誰でもすんなり選べるのです。

　つまり、提示された候補の中から答えを「探す」ことはできても、答えの候補を「つくる」ことは苦手ということなのです。データをまず見てみるというのは、選択するための候補をデータから探そうとする行為に他なりません。ところが、こうした行為は、後述するように、「良い仮説」を繰り出すために必要な要件を考えると、かなり致命的で深刻です。

少し話が脱線しますが、この点について「なぜ、自分で最初から仮説をつくるのは難しいのでしょうか？」という質問をセミナーやワークショップで受けることが非常に多いです。

　横浜国立大学で外国人留学生のプログラムで授業を担当している私としては、特に日本人と外国人の発想の違いを強く感じる場面がよくあります。その違いは、教育にあるように思っています。つまり、日本の一般的な学校教育では、どこかに“正解”が存在し、その正解を早く間違いなく探し当てた人が“○”で、そうでない人が“×”という評価の中で、その正解率を上げるスキルを磨きます（現在は以前に比べて、そうした傾向も多少薄らいできていると思われますが、あえてステレオタイプ的に述べています）。

　一方、すべての外国人とは言いませんが、彼らの多くには、自ら「正解はこうではないのか」というゴールを置き、それを説得するために、あれこれ考えるという流れが見られます。日本的な授業構成を考えて臨むと、教員としてはとても苦労するわけですが、少なくともこちらが用意した“正解”を探そうとは必ずしもせず、「自分ならこうだと思うけど、どうか」という仮説立案にどんどんチャレンジしてくる傾向が強いのです。

　ここで私がお伝えしたいのは、日本的な教育に長年どっぷり浸かってしまった多くの日本人にとっては、真っ白な紙に自分の考える仮説をゼロベースで構築することに対するハードルが一層高く感じられ、思考が停止してしまうことは、ある意味必然なのです。とはいえ、そこを打破しないことには、より良い仮説を立てることは難しくなってしまいます。

「この仮説は<u>事実</u>なのだろうか？」
「この仮説は<u>正しい</u>のだろうか？」
「仮説をつくるための<u>ヒント</u>を、どこかで探せないだろうか？」

このような（気がつくと、すぐに湧き立ってしまいがちな）思考を一旦意識的にやめてみる努力は必要です。

話を、データで確認した内容から言える（データに基づいた）仮説に戻します。

> 「まずは、ササっとデータ（やその他の情報）を確認してみる。その中で気づいたことや確認できたことをもとに仮説をつくる」

一見良さそうな、この行為ですが、どこに問題があるかわかりますか？

実際にデータに基づいてやろうとすると、次のような利点を感じる人は多いのではないでしょうか。

- 発想のとっかかりを見つけやすい
- （データで示されたことだから）事実に近い、仮説の妥当性が検証できそう
- 仮説構築の作業を進めやすい

ところが、これらの利点とは裏腹に、以下の致命的な問題が2つ生じます。その結果、"良い仮説"からはどんどん離れてしまうのです。

問題点1　視野が狭くなる

自分の職場で目の前のパソコンに表示された数々の業務データ、そこから加工された表やグラフを見ている自分をできるだけ具体的に想像してみてください。それらを見て何を考えるでしょうか。おそらく、「このデータやグラフから、どのような情報が読み取れるか」に思考を集中させるのではないでしょうか。私でも、そうなります。

ところが、このときの思考の範囲は、「そのデータ」に限定されている点に注意が必要です。目の前のデータやグラフから何が言えるかについて

は何か見つかるかもしれませんが、それはあくまで、そのデータが持っていた情報（の一部）の中だけの話です。皆さんが仮説として考えておくべき範囲は、そのデータが持つ情報の範囲と同じであるとは限りません。むしろ多くの場合、"全然足りない"のです。

図1−7　データから仮説を立てる問題点1（視野が狭くなる）

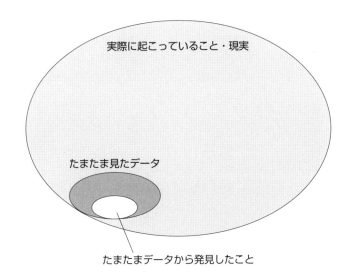

　図1−7をご覧ください。とりあえず手にしたデータが持っている情報の範囲を真ん中の大きさの「**たまたま見たデータ**」としましょう。そのままのデータ（「生データ」と言います）の羅列を眺めていても、なかなか気づきを得ることは難しいので、そのデータを表や指標、グラフなどに加工します。

　すると、元のデータが持っていた情報の一部が浮き上がってきます。その浮き上がった情報の範囲が一番小さい「**たまたまデータから発見したこと**」だとします。"たまたま"と表現しているのは、たいていの場合、とりあえず良さそうな（使いやすそうな）グラフや表で、まずは作業を始めることが多いからです。たまたま思いついた方法で加工するので、それで

見えてきたものも、"たまたま"その方法だったから見えたためです。

　ところが、本来解決したい問題に必要な仮説が、「たまたま見たデータ」より外側の「実際に起こっていること・現実」の範囲だったとしたら、どうでしょう。一番小さな楕円の範囲の情報で、この問題は本当に解決することができるのでしょうか。おそらく、できないと思います。私は実務現場で、こうした状況が発生しているケース（問題解決ができないケース）を非常に多く目の当たりにしてきました。

　データなどの情報を分析することは、多くの情報の中から絞られたポイントを見出すことに他なりません。つまり、思考の目線は、広く⇒狭く、多く⇒少なく、大きく⇒小さくという「収斂」や「収束」という方向に向かいます。

　一方で、仮説を立てるときに必要な思考の目線は、広く、多く、大きくといった「発散」の方向に持つことで、広く抜け漏れのない仮説を多く出せることにつながります。
　「収斂」と「発散」は、まさに完全に逆方向の関係にあります。

　図1－8は、左から右に向かって結論を導くためのプロセスを簡易的に表現したものです。
　それぞれの箱の縦方向の長さが、視野・思考の範囲の広さを表しています。
　上段を見ると、目の前にあった（入手した）データなどの情報を見ることからスタートしています。そこから見えた内容で仮説がつくられます。情報すべての内容が見えるわけではないため、そこから得られた仮説の範囲は元の情報の範囲より狭くなります。スタート時点で手に入った情報の範囲にしか意識がいかず、さらにそこから既に収斂がスタートします。

図1－8　2つの仮説アプローチ

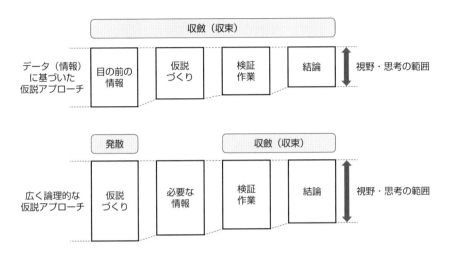

仮説すべてを検証する情報が入手できるとは限りませんが、そもそも自分で入手した情報に基づいた仮説ですので、検証のための情報は大体揃っています。

そのため、ここでの視野の狭まり方は限定的です。そして、その結果に基づいて結論が出されます。図の上段で明確なとおり、最後の結論が導かれる範囲は、一番左側の箱の高さ（＝目の前の情報）に制限されます。

下段のアプローチは、それとは対照的です。一番左の箱は「仮説づくり」です。先に仮説づくりで必要な発想の方向は「発散」だと言いました。そのため、目の前のデータなどの情報に縛られずに思考を"発散"させて仮説をつくることが望ましいのです。そのあと（右）の箱は、この仮説を検証するために必要な情報の収集です。

すべての仮説を検証できる情報が入手できれば良いのですが、いつもそうとは限らないため、入手できた情報の範囲で検証作業（さらに右の箱）を開始します。その結果をもって、最終的に結論に至るという流れです。

最終的な結論に至るまでの視野・思考の範囲の違いを比べてみてください。

> 「データに基づいた仮説をつくり、それを検証した結果に基づいた提案を結論としたのに、なぜか成果が出ない」

こういったことが起こっている理由の1つが何なのか。もう、ご理解いただけましたね。

問題点2　仮説検証の意味が薄まる

データなど、客観的な情報である事象を確認したとします。その内容に基づいて導かれた仮説を検証すると、高い確率で「その仮説は正しい」という結果になるはずです。その理由は簡単です。

最初にデータで確認しているからです。

もちろん、データで確認された内容そのものを丸々仮説にすることはないと思いますが、そのデータから派生した内容を仮説とするため、仮説が事実と異なる可能性は必然と低くなります。

その確かめられたことからの派生度合いにもよりますが、ひと言で言えば、仮説の検証行為が、「**既にわかっていたことを確かめただけ**」という身も蓋もないことになってしまっている可能性が出てきます。

アカデミックな世界では、「結果が判明した後に仮説をつくること」を指して社会心理学者ノーバート・カー氏による造語として、「HARKing（Hypothesizing After the Results are Known）」と呼ぶことがあります。データに基づいた仮説づくりは、HARKingそのものではなくとも、近いものと言えるかもしれません。

自分で確かめたもの、見たものを正当化するために、都合の良い情報だけを限定的に集めて「やっぱり、そうでした」と言いたくなってしまう動機や誘惑は身のまわりに常に潜んでいます。

　特に実務の現場で、限られた時間内に、しかも周囲に波風立てない結論を出さないといけないというプレッシャーの中では、余計なことを調べて時間を余計に使ったり、思いもよらないネガティブな結果にぶち当たったりすることがないよう、自分でも無意識に都合の良い情報だけを限定的に集める誘惑に駆られてしまいがちです。

　そうなってしまうと、結果的に、仮説検証という行為を形だけやったことになり、その価値や意味が薄れてしまうということになりかねません。

　振り返ると、皆さんにも身に覚えがあるのではないでしょうか。

■仮説立案の原則と例外ケース

　ここまでの話から、私が考える仮説を立てるときの原則としては、「データなどの情報を見て仮説をつくることはやめたほうが良い」となります。しかしながら、これを万人に、どんな場合でも適用すべきとも考えていません。この原則を適用すべきでないケースは、2つあります。

①要因仮説の場合には既にデータ検証結果を見ている

　図1-3で、結論を出すための4つのSTEPを紹介しました。

　この中のSTEP3（要因特定）に至るまでには、STEP2（現状把握）を行います。現状把握をするために、仮説からデータ等による検証まで1回「仮説検証プロセス」を回すことになります。

　そして、その結果から「要因仮説」を立てるプロセスにつなげます。つまり、要因仮説を立てるときには、データで客観的に現状を把握した上で（データからわかったことに基づいて）仮説をつくることになります。その意味では、（要因）仮説をつくる前にデータを見ていることにはなります。ただし、要因仮説をつくる際にも、より広い"発散"の視点で取り組む重要性は変わりません。

②初心者がゼロベースの仮説づくりに固執してしまう

　はじめて自ら発想を広げて仮説をつくることに取り組む人や、まだまだ経験が少ない人にとって、100％何も情報に頼らず自力で仮説を構築しようと言っても、最初の一歩のハードルが高すぎて、手も足も出ないという状況に陥りやすいのも事実です。

　いくら理想を掲げても、前に進めないのでは何も始まりません。

　そこで、特にまだゼロベースでの仮説づくりに慣れていない方に向けては、次のように伝えています。

　「どうしても手が出ない場合には、何かデータなどの情報を見て、そこから発想を広げて仮説をつくっていっても構いません」

　ただし、「情報を見ると、その範囲に思考がロックインされてしまいがちなので、そのときこそ "今見ている情報以外" にも視野を広げて、思考を発散させることを強く意識してください」と、併せて強調しています。この点は、最初のスタートを切る例外としてお伝えし、いずれは、どのような課題にもゼロベースで仮説づくりに取り組めるスキルを磨いていただきたいという思いは変わりません。

　これらをまとめると、図1－9のようになります。

図1－9　2つの仮説アプローチのメリット・デメリット

	メリット	デメリット
情報 ⇒ 仮説	ヒント・きっかけが得られ、仮説が思いつきやすい	目の前の情報の範囲に思考が制限される（その結果、合理的な結論が得られない可能性が高まる）
仮説 ⇒ 情報	広い範囲での仮説が立てられ、より合理的な結論が得られやすい	・一定のスキルが必要 ・仮説の範囲が広い分、検証作業も増える

同図では、情報を見てから仮説をつくる場合（上段）と、その逆の場合（下段）のそれぞれの仮説アプローチについて、メリットとデメリットを整理しています。

　ここまで述べてきたように、下段の情報を見る前に仮説をつくるアプローチは上段の情報を見てから仮説をつくるアプローチに比べ、より高い論理スキルとより広い視野が求められ、広い範囲で仮説を出した分、その検証作業が増えるというデメリットがあるものの、そのスキルを磨けば磨くほどメリットが大きくデメリットを上回ると言えます。

　なお、同図には含めていませんが、仮説づくりに不慣れな人は「自分がつくった仮説がいつの間にか"目指すべき正解"となり、それが正しいことを証明するための情報を集めてしまい、それ以外の情報を過小評価する」ケースが散見されます。

　言い換えれば、「仮説⇒情報」の場合には、自分の論証に有利な証拠のみを選び、それと矛盾する証拠を隠したり無視したりする「チェリーピッキング（確証バイアス）」とも呼ばれる行為が起こり得るわけです。しかし、これらは何か特別なツールや分析手法など方法論で解決できるものではありません。したがって、仮説をつくるときの思考が狭くならないような意識と、クリティカル・シンキング的なマインドが常に必要なのです。

結局、良い仮説として
何を目指すべきなのか？

■ 仮説の網羅性

では結局、"良い仮説" とは何なのでしょうか。

ここまで説明してきた点と、先に紹介した多くのセミナー・研修受講者が考える「良い仮説」として挙がったものの一部を併せて考えてみましょう。すると、**網羅性** と **論理性** という２つのキーワードにたどり着きます。

図１－10　網羅性がある仮説と論理性がある仮説

キーワード	多くのセミナーや研修受講者が考える "良い仮説" の一部
網羅性	• すべてのリスクが考慮されている仮説 • 限定的でなく、様々な前提や条件が考慮されている仮説
論理性	• 解の方向性を絞るために有効な仮説 • みんなが納得できる仮説 • 説明がつく仮説 • 現実的で飛躍がない仮説

ここで、**網羅性** とは、目の前の情報の範囲だけに限定されず、もしくは自分が知っている知識や情報、思いつきだけに縛られることなく、広く可能性を考慮した抜け漏れのない状態を意味します。

ロジカル・シンキングを勉強したことがある方は、MECE（Mutually Exclusive and Collectively Exhaustive：「ミーシー」と呼ばれ、漏れなくダブりなくという意味）という言葉を思い出すかもしれません。

ただ、ここでの"網羅性"とは、単にある範囲の中で取りこぼしがない
ように、ということに留まらず、想定した範囲そのものが狭いといったこ
とはないのかという、そもそもの前提範囲を広げる発想も含みます。その
意味で、よく使われるMECEの概念と被る部分はあるものの、全く同じで
はないことに留意してください。

図1-11　網羅性とMECE

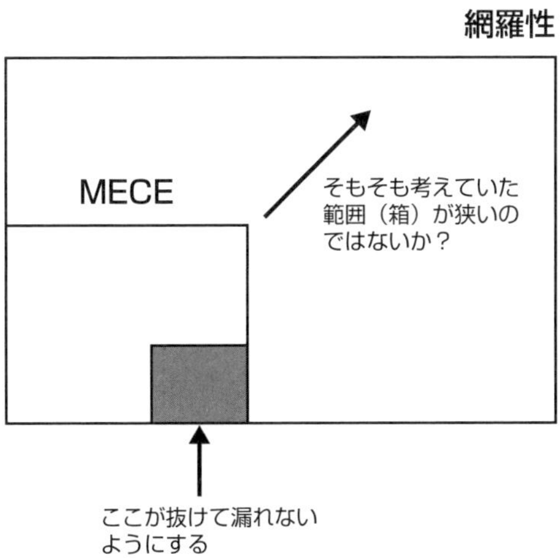

そして、この網羅性が欠けた、もしくは不十分なまま仮説を立て、その
仮説を検証した結果から結論をつくると、より経験値や知見、広い視点を
持った上司や役員、顧客などからは、次のようなコメントが飛び出すこと
でしょう。

「あれが抜けているじゃないか！」

問題解決や企画の提案を受ける側の人（上司や役員、顧客など）は、仮説には入っていなかった要素に（自分の経験則などから）気がつき、その点を指摘しているのです。おそらく、先ほどのようなコメントを受けた経験が多くの人にあるはずですが、いかがでしょうか。

■ 仮説の論理性

　もう１つのキーワードは、"論理性" です。

　こちらは言わずもがなですが、立てた仮説の中身自体に論理性、合理性がなければ、いくらそれを正確に検証したとしても、そこから得られる結論に論理性がないことは言うまでもありません。

　自分が思い描いたアイデアや考えを俯瞰して、それぞれの関係性や位置づけなどが整理できていないと、思いついたアイデアを次々と羅列して箇条書きにすることしかできません。

　そこから導かれた結論を提案すると、きっと次のようなコメントが提案された側から飛び出してくるのではないでしょうか。

> 「それ、お前の単なる思いつきだろ？」
> 「言っていることがよく理解できないんだけど……」
> 「話が飛んでいるじゃないか！」

　では、このようなコメントをそもそも受けないためにも、論理性をできるだけ維持するにはどうしたら良いのでしょうか。

　それには、アイデア同士の "関係性" に着目することが大事です。アイデア同士の関係性を "構造化" することで可視化し、確認・整理したりアイデアを組み合わせたり、継ぎ足したりすることができるようになります。

　ここでは、ロジカル・シンキングでよく出てくる「ロジックツリー」と

いう概念（テクニック）を活用することが有効です。実際に、どのように活用できるのかは第3章で説明します。なお、同章では、良い仮説をつくる際に必要となる、単なるロジックツリーを組み立てるだけではない活用法についても紹介します。

また、この"論理性"には、仮説全体の構造だけに留まらず、既に紹介した結論に至るまでの全体のストーリーやプロセス（考える順番）も含まれます。プロセスを無視したり、スキップしたりすると、全体の論理性が破綻してしまうことになります。それゆえ、"プロセス"を理解し、そのプロセスに沿うことはとても重要です。

問題解決のプロセスの一例、ここでは図1－12に示した"お腹が痛い"という問題解決の例で、その重要性を再度確認しておきましょう。

図1－12 「お腹が痛い」という問題解決のプロセス

誰が何に困っているの？	問題はどこで起こっているの？	どんな原因が考えられるの？	どんな方策が考えられるの？
ゴール（目的や問題）を決める	現状を（細かく具体化して）把握	要因を特定する	結論（提案）をつくる

お腹が痛いので治したい	脇腹？　下腹部？いつから？	原因はXXXである	この薬で治しましょう

まず、解決すべき問題（困り事＝ゴール）を設定します。ここでは「お腹が痛いことを治す」となります。

　次に、医者が、どこが痛むのか、その問題の所在を診察によって、より詳細に絞り込んでいきます。このとき、その医者は、"痛みの場所によって、その原因と対策が違うはず"といった仮説（現状仮説）を持って、調べる場所を特定していることに着目してください。

　痛む場所を具体的に絞り込んだ結果、医者が「ここが痛いのであれば、原因はXXXだろう」といった仮説（要因仮説）を立てて、その要因特定作業を進めます。レントゲンを撮ったり、細菌の検査、ＣＴなどの方法をその仮説によって使い分けたりすることでしょう。

　そこで特定された要因に対して、適切な処方せんが最終結論・対策として出てくるわけです。

　もし、この順番を入れ替えたり、どこかをスキップしたりしてしまうと、どうなるか想像がつきますよね。そう、適切な処方せんは出てこない可能性が高いでしょう。

　つまり、仮説とは「**何でも思いついたことを言えば良い**」ということとは全く異なることがご理解いただけたのではないでしょうか。同時に、目指すべき"良い仮説"とはどういうものか、についてもご理解いただけたと思います。

　ただ、理解することと、できることの間にはまだ大きなギャップがあるはずですので、そのギャップをできるだけ埋めるための考え方やテクニックを第３章で紹介します。

第**2**章

目的のない仮説は意味がない
──ゴールの定義

仮説づくりを始める前にやるべきこと

■「旅程表」の完成に必要なもの

　早速、仮説づくりの話を始めたいところではありますが、その前に「これを抜きにして仮説づくりを始めてはいけない」というポイントがあります。

　私は仮説づくりのことを、旅行に行く前に作成する旅程表にたとえて、お話しすることが多々あります。

　その内容は以下のとおりです。皆さんも「仮説構築実践セミナー」を受けている一人だと想像して考えてみてください。

　　「皆さんが、次の休みに旅行を計画しているとしましょう。

　　何の計画もないまま、いきなり家を出発してしまう人はいないですよね。

　　では、家を出発する以前に、皆さんは、まず何を考えて決めますか？

　　そう、まずは『目的地』ですよね。まさに、旅行程の最終ゴールになりますね。

　　でも、ひと言に目的地と言っても、例えば"東北地方"とか、"九州"というラフな決め方をする人はいないと思います。それだけでは、具体的に、どこに向かえば良いか決まらないからです。

　　実際に出発するためには、少なくともその目的地の設定として「東北地方のXX県XX市にある○○温泉の△△旅館」といったレベルの具体性が必要ですよね。そして、この具体的な目的地が"ゴール"ということになります。

そのうえで、次に、その目的地（ゴール）に到達するために、どのような経路や手段で行くのかを考えて決めますね。例えば、"家を出て最寄りの□□駅から在来線でＸＸ駅まで行き、新幹線に乗り換えてＹＹ駅まで向かい、そこから○○温泉という場所まではバスに乗り、そこから徒歩15分"という感じでしょうか。

　もしかしたら、目的地への行き方は、これだけではなく、２番目、３番目の選択肢もあるかもしれませんね。もうおわかりでしょうか。今考えた、この経路や移動手段が目的地（ゴール）に到達するための"仮説"ということになります。

　目的地までの全体移動経路が、『ストーリー仮説』であり、途中途中の個々の交通手段（何時発の、どの交通手段で、どこまで乗るのかなど）の想定が、『現状仮説』や『要因仮説』に相当するわけです」

図２－１　旅程表とゴール、仮説の関係

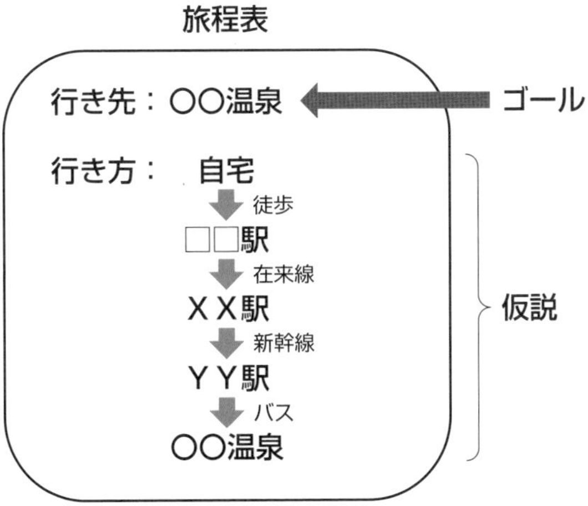

■「ゴール」が具体的に定まらなければ仮説はつくれない

つまり、まずは目的地（ゴール）が具体的に定まっていないと、仮説（手段の想定）自体をつくることができません。いい加減に仮説をつくって出発してしまうと、どこに到達するのかわからず迷走する、または行き当たりばったりの目的地に到着することになってしまうのです。

皆さんは問題解決や企画提案をするときに、この"目的地"を適切に設定した上で、何を使って何をすべきかなどを考えることができているでしょうか？

そして、その目的地（ゴール）の設定を適切に行うには、どんなことが必要となるか認識されているでしょうか？

この点について、次節以降で説明していきます。

「ゴール」として何を決めるのか？

■「ゴール」の内容

このゴールの内容を具体的に考えると、「問題解決」のケースであれば
"(解決すべき) 問題"であり、「企画提案」のケースであれば"(実現した
い) 目的"と言い換えることができます。

図2-2 「ゴール」の2つの内容

では、これらのゴールをどのように定めれば良いのでしょうか。上司な
どから問答無用で下りてくることも組織人としてはあるかもしれません。

一方、どこかにゴールが存在するという前提で、それを一生懸命「探す」
ことは、ぜひとも避けたいところです。

困ったことに、「えっと、今からデータを見て確認してみます」などと
言い出す人もごく稀にいます。日々の業務データをグラフにしたり、分析
したりすることで、自らのゴールをそこから見つけ出そうという行為は、「デー
タを活用して課題発見！」と一見良さそうに見えてしまいますが、やっ
てはいけません。

なぜなら、常に目に入った情報から気づいたことだけがゴールとして設定され、次の仮説も集めた情報から見えたものだけからつくられるというプロセスでは、**行き当たりばったりの仮説や結果しか得られない**からです。つまり、良い仮説の条件である"網羅性"も"論理性"も満たされません。

■ゴール設定時に求められる姿勢

　ゴールを設定するときに求められるのは、**自ら「決める」という姿勢**です。

　ところが、セミナーや研修の中で、「皆さんがご自身の業務の中で解決したい問題や実現したい目的、すなわちゴールは具体的に何になりますか？」と問いかけると、"えっ！　そんなことは考えたことがない"と言わんばかりに、「ぽかーん」としてしまう人が少なくありません。

　もし、この状態で情報収集を始めたり、データを使った分析やプレゼン資料づくりといった作業を進めたりしているとすれば、状況はかなり深刻です（でも、これが実に多いのです）。

図2-3　行き当たりばったりの進め方

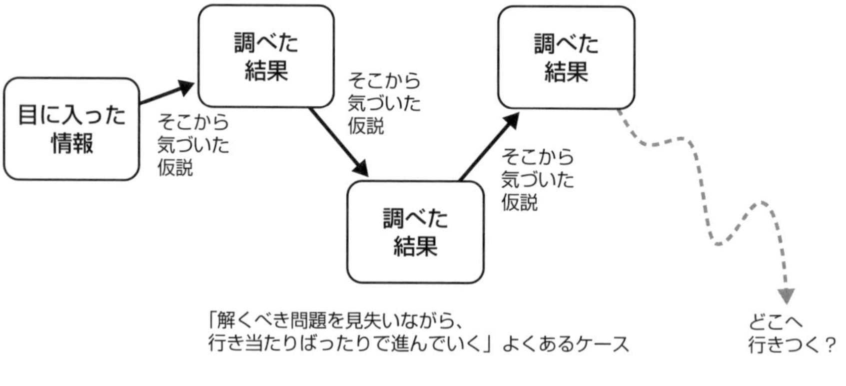

「解くべき問題を見失いながら、
行き当たりばったりで進んでいく」よくあるケース

どこへ
行きつく？

つまり、先ほどの旅行の例で言えば、（少なくとも十分に具体的なレベルで）目的地を決めていないのに、とりあえず家を出発し、目の前に来た電車に飛び乗ってしまった、という状況と同じだからです。

　その人に「今からどちらに行くのですか？」と目的地（ゴール）について聞けば、きっと「さあ？　この電車の行き先ですかねぇ」という答えが返ってくるでしょう。これでは、何も実現しませんし、何も解決することができません。でも、これと同じことが多くの職場で起こっているのです。

　もし、自分が現在取り組んでいる仕事の目的や、解決したい問題の内容を自分で認識していないのであれば、そもそも問題解決も企画提案も、そして仮説を立てることもすべて必要ないとも言えます。

　それはある意味、すでに（解くべき致命的な問題が存在しない）理想的な状況にあると言えるのではないでしょうか。問題解決も企画提案も、その中での仮説づくりも、いずれも目的を果たすための“手段”でしかありません。それらを使うことを“目的化”させてしまうことは本末転倒なのです。

　常に取り組むべき課題やゴールを外から与えられ、それを受け身でこなすことが当たり前のように習慣化してしまうと、このような（外から探す）発想が染みついてしまうのかもしれません。でも、この受け身の思考では「自ら正解をつくっていく」というアプローチが必須の仮説づくりにとって致命的だと言えます。

　皆さんのゴールがどこかに書かれていたり、データに埋もれていたりするわけではありません。自らゴールを設定するマインドを、まずはしっかり持ちましょう（自分が楽しみたい旅行の行き先くらい、勧められるのではなく、自分で決めたいですよね）。

より良いゴール設定に必要なポイント

■内容の具体性

　この仮説づくりの質を決定づけるゴール設定をより良いものにするためには、どのようなことに気をつけると良いでしょうか。まず、最初に考えたいポイントが、ゴールの「**内容の具体性**」です。

　ゴールの内容が具体的であればあるほど、目的地が明確に定まり、仮説も具体的に立てやすく、その仮説を検証するために必要な情報の特定もやりやすくなります。当然、全体としてのストーリーの軸も終始ブレずに進めることができます。

　先ほどの旅行の例で言えば、行き先（ゴール）を「東北地方」と設定しただけでは旅程全体がぼやけてしまうことがわかりますね。"△△旅館"のレベルまで具体化しないとたどり着けないのです。

　ここからは、「問題解決」ケースにおけるゴール、すなわち「問題」の設定にフォーカスを当ててゴールの具体性について考えていきましょう。

　例えば、地方自治体の問題としてよく挙げられる例の1つが次のようなものです。

> 「地域の人口減少を解決（改善／緩和）したい」

　もちろん、こうした問題を設定すること自体は間違いではありません。でも、このまま現状把握や要因特定のプロセスを進め、具体的な結論を導

こうとすると、ちょっと厳しい道のりになりそうです。その理由は、何だと思いますか?

　"問題" という言葉を耳にしたときに、一度自問してみると良いのは、「**誰が何に困っているのか?**」についてです。

　これによって、その "問題" をより具体的に認識することができるからです。
　先ほどの例の「人口減少」という表現そのものには、「一体、それで誰が何に困っているのか?」という "困り事" が含まれていません。定義した問題を見ても "困り事" が何であるかわからない時点で、問題としてまだ漠然としており、既に道を見失っている状態に陥っていると言えます。

　人口減少による困り事の具体例としては、次のようなものが考えられます。

- （**市民にとって**）公共交通手段が少なくなった
- （**行政にとって**）税収が減った
- （**地域にとって**）コミュニティの担い手が減った

　これで「誰が何に困っているのか?」の答えにより近づくことができましたね。となると、上で挙げた例のいずれか、もしくはいくつかの組み合わせをより具体的な「問題」として定義することも選択肢として出てきます。さらに、それによって、「誰が何に困っている?」と繰り返し深掘りしていくことも可能です。
　このように、具体性を上げていくことを、「**解像度を上げる**」と表現することもあります。

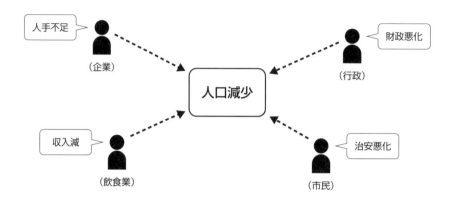

図2−4　"誰が"何に困っているのか？

　このように、「誰が」という主語をいろいろ変えて考えることには、もう1つのメリットがあります。

　同じ現象（例えば、人口減少）でも、それを違う立場から見ると同じ困り事を抱えているとは限りません（先ほどの例では、市民、行政、地域と主語を替えたことで、それぞれの異なる問題が明らかになりました）。
　そして、ある立場の人にとっては、「そもそも、それは問題ではない」という可能性もあるのです。
　そこで、同じ現象に対して、"主語"をいくつか変えて、「その主語にとって問題がどう見えるのか？」を考えてみると、「そう言えば、こういう問題にもつながっていた」という発想につながり、より多角的に問題を把握できるのです。

　一方、注意しておきたいのは、**解像度を上げることによって、問題の具体化は進むのですが、その分、ゴールとしてとらえる問題の範囲が狭まる**ということです。

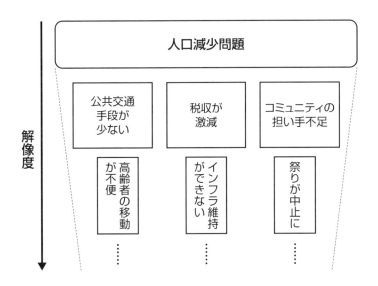

図2−5　問題の解像度の構造

人口減少問題

| 公共交通手段が少ない | 税収が激減 | コミュニティの担い手不足 |

解像度

高齢者の移動が不便
インフラ維持ができない
祭りが中止に

⋮　　　⋮　　　⋮

　例えば、「人口減少」という問題を定義した場合、問題としてとらえる範囲は、とても広いです。その中には、経済問題があり、高齢者関連問題があり、子供の問題があり、さらには町のインフラやコミュニティ問題など、様々な問題が包含されています。

　一方、解像度を上げ、「公共交通手段」という問題に絞って定義した場合、「公共交通手段」という問題を解決しても、それだけではその上位である「人口減少」という問題はおそらく解決できないでしょう。「公共交通手段」の問題は、「人口減少」の問題の一部でしかないためです。

　同じ発想で、「企画提案」におけるゴール、すなわち「目的」の設定を考えることができます。

企業向けの「データ活用」プロジェクトやワークショップを行うと、次のようなゴール（目的）の設定がよく出てきます。

> **「製品Aの売上を向上させたい」**

　このゴールの設定自体は、どこも間違ってはいませんが、おそらく、企画提案をつくり上げるまでに大変苦労することでしょう。その理由は、何だと思いますか？　先ほどの「人口減少」という問題に重ねて考えてみましょう。

　"売上を向上させる"ためには、いろいろな要素が幅広く関係してきますね。

　製品に関する要素に着目すると、例えば「使い勝手」「価格」「デザイン」「ブランド」など、どれかを改善すれば、売上は向上しそうな気もします。製造に関する要素に着目すると、「納期遅延の頻度」「欠品の数や回数、期間」などを改善すれば、売上向上に寄与するかもしれません。
　ほかにも、営業、宣伝、プロモーションや競合の動きなど、考えられる要素が次々に出てきます。それらをすべて挙げ連ねて、どれを改善することが最も費用対効果が高いかなどの分析をすれば、確かに最終的に「素晴らしい」提案ができるでしょう。

　でも、その道のりは果てしなく長くて険しいような気が私にはします。その提案完成までに、どのくらいの時間が許されているのでしょう。そして、結論の根拠となり得る必要なデータはすべて入手可能なのでしょうか。

　このゴールの解像度を上げて、もう少し身近なゴールとすることも可能です。例えば、次のようなものはどうでしょう。

- 売上向上のための効果的な施策提案をしたい
- 売上向上のために最適な価格を設定したい
- 売上向上のために最適な営業チームを編成したい

　ゴール（目的）がより具体的になったため、提案をするためのより具体的なストーリーや仮説が立てやすくなります。もちろん、前で述べたとおり、上記の個別の対策が実現したとしても、それだけで売上が劇的に向上はしないかもしれませんし、もっと費用対効果の高い方策があることを見逃してしまう可能性は否定できません。

　ゴールを具体的にしたために、網羅する範囲が狭まったという状況は「人口減少」の問題と同じです。ただし、あまりに大きなゴールを設定したために、答えが出せないとなっては本末転倒です。

　コンサルティング会社に依頼するような一大プロジェクトとしてのゴールと、実務者個人またはチームで取り組むゴールの解像度が同じではないのは当たり前です。

　また、私のセミナーや研修で、ここまでの話をすると、次のような質問もよく受けます。

　「問題の解像度を上げて、複数の具体的な問題を挙げてみたが、その中のどの問題に取り組むべきか、どうやって判断すれば良いのか？何かデータなどで比較して選んだほうが良いのか？」

　現実的で、しかも実践的なとても良い質問だと思います。
　確かに、大きな（漠然とした）問題を分解したまでは良いものの、その中から恣意的に問題を選んでしまうと、本来選ぶべきであった（影響度や重要度の大きい）問題を選び損ねてしまうリスクがあります。

その点で、解像度を上げて想定した複数の（より具体的な）問題についてデータで現状把握し、比較評価するというプロセスは、時間やデータなどのリソースが許すのであれば“あったほうが良い”のです。

　そして、ここでもう１つ触れておきたいことがあります。問題の解像度を上げることが、実は「現状把握」のプロセスに既に突入しているとも言えるのです。つまり、より大きな問題を、何かしらの切り口で解像度を上げ、より具体的な問題に分解し、それぞれについて把握する行為は、「現状把握」そのものだからです（現状把握については、第３章で詳しく説明します）。
　これは、現状把握を客観的に行いながら、同時に適切なゴールの設定レベルを見極めている、という点で決して間違いではありません。また、その行為を厳密にSTEP１の「ゴール設定」とSTEP２の「現状把握」のいずれかに明確に線引きする必要もないのです。

図２－６　「ゴール設定」と「現状把握」

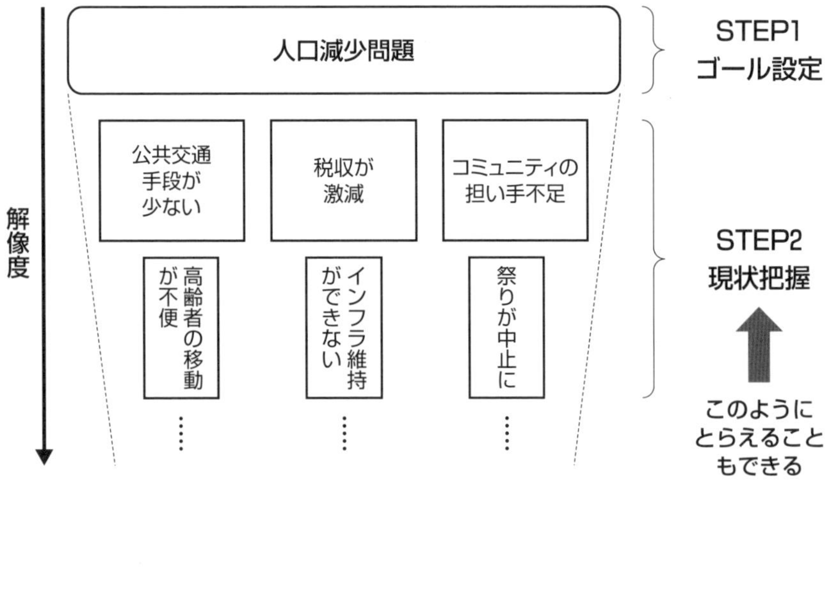

いずれにせよ、ここのレベルまで問題の解像度を上げることが正解、という決まりはありません。ただし、先に述べたとおり、定義の内容が十分に具体的でないと、目指すゴールが曖昧になり、そのあとに設定する仮説も曖昧で不適切になりやすいリスクは十分意識すべきです。

　皆さんには、自分で問題の解像度を意識した上で、「今、自分がゴールとして設定すべき適切なレベルは、このあたり」ということを考えるプロセスを入れていただきたいのです。

　また、このように例を提示されると、それを理解、納得できる方はたくさんいるのですが、「では、自分でもやってみて」と言われると、途端に思考が停止して前に進めなくなってしまう人が多いことも事実です。

　「自分には“正しい”具体性のレベルが何なのか（どこまで解像度を上げればいいのか）わからない。解像度を上げるスキルを持ち合わせていない」と言って、尻込みしてしまう人が多いのです。

　最初から無条件で、“正しい”具体性のレベルを言い当てる必要はありません。作業を進める中でゴールの設定をやり直しても良い、という前提で、柔軟に取り組むことがおススメです。場数を踏むことで、ゴールのレベルを適切に設定するスキルも上達させることはできます。

　では、ここで、問題の解像度を上げる練習を1つやってみましょう。

問　題　「工場での製造不良率が上がっている」

　上記問題の解像度を上げて、その内容をより具体的にすると、どのような問題の定義が考えられるでしょうか。正解はありません。「こういう可能性があるのではないか？」という視点で考えてみてください。

答えの例	• （会社経営者の視点で）生産コストが上昇している
	• （顧客の視点で）納期遅延が発生している
	• （従業員の視点で）従業員の残業時間が増えている　など

■ 言葉の具体性

「具体性」の問題は、何もゴールの内容だけに限りません。記載された1つひとつの「**言葉や単語の具体性**」も、後々の仮説づくりに大きく影響します。例えば、人事部が立てた次のゴール（目的）について、何か気になることはありませんか？

「我が社の欠勤問題を解決したい」

その答えを考えるために、最初に考える仮説、すなわち「現状仮説」を考えてみましょう。第3章で詳しく説明しますが、「現状仮説」とは、現状把握するために、どのような情報を集めて、それらをどう見るかを想定することです。

では、この「我が社の欠勤問題……」のまま、この"現状"をデータなどの情報を集めて確認・把握してみましょう、となった場合、皆さんはどのような情報を集めようと考えますか。

まず、"欠勤データ"などが出てきそうですが、いかがでしょうか。では、欠勤データとは、具体的に何を示したデータなのでしょうか。

- 欠勤している人の人数？
- それとも、欠勤が続いた日数（期間）？
- それとも、部署ごとの欠勤率？
- それとも、欠勤理由の重大性？

上記のように、「欠勤問題」という言葉にも、様々な解釈が潜んでいることに気づきます。

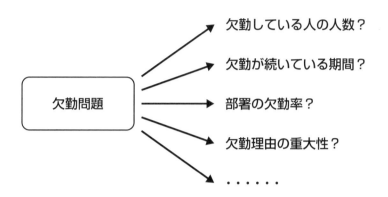

図2－7　言葉の定義も具体的、かつ明確に

欠勤問題

欠勤している人の人数？

欠勤が続いている期間？

部署の欠勤率？

欠勤理由の重大性？

・・・・・・

　この言葉の解釈が曖昧なまま、「では、現状を確認してみましょう」となると、その"現状"とは一体何を指すのかがわからなくなってしまいます。仮説を適切に立てることも、検証に必要なデータや情報を特定することも難しくなります。

　言葉の解釈が曖昧である事実に気づけば良いのですが、多くの人がその解釈をスキップしたまま、自分が勝手に（無意識に）思い描く「欠勤」という言葉の定義で話を進めてしまいがちなので、注意と強い意識が必要です。

　今回の例では、欠勤問題とは具体的に何なのかを明確にしておく必要があるのです。

このときにも、先に紹介した「誰が何に困っているのか？」という問いかけは有効です。

　例えば、部署内の欠勤者が多く、その部署の業務が滞っていたり、残業時間が異常に長くなっていたりする、といった困り事が明確であれば、まずは、この欠勤問題を「（部署の業務の視点で）業務遅延、残業過多」という定義で進めることは可能でしょう。そのときの現状把握するための指標には、「部署ごとの欠勤率」を使うのが良さそうです。

　また、必ずしも、定義や指標を1つに絞る必要もありません。定義や指標を複数立てて、多角的に問題を定義することも選択肢として考えられます。

　ここまで、ゴールの内容と言葉の具体性について説明してきました。これらの具体性に関するポイントを押さえていただくために、私がワークショップなどで遭遇するいくつかのゴール設定の事例を取り上げますので、それらを練習問題として一緒に考えてみましょう。

　もう、皆さんは、どこを修正すべきかわかりますよね。

---

①地域の「観光振興」について議論し、方向性を決めたい（企画提案）
②「地場産業の活性化」について提案をつくりたい（企画提案）
③地域の「子供の貧困問題」の課題に取り組みたい（問題解決）
④柔軟な働き方を導入するために必要な内容を提案したい（企画提案）

　では、私が考える修正ポイントを順に紹介します。

①地域の「観光振興」について議論し、方向性を決めたい
　⇒「観光振興」という言葉が意味することに、まだ曖昧性が残っていますね。観光振興とは、誰の視点で何を実現することなのかをより具体的にする必要がありそうです。

② 「地場産業の活性化」について提案をつくりたい

　⇒「活性化」という言葉が気になります。「活性化している」状態とは、具体的にどのような状態なのかがわからないと、向かう方向が見えそうにありませんね。

③地域の「子供の貧困問題」の課題に取り組みたい

　⇒「子供の貧困問題」をそのまま解くべき問題としても悪くありませんが、その範囲はかなり広く、すべてに手を広げて取り組もうとすると苦労しそうな気がします。子供の貧困により、具体的に、どこで、どのような問題が発生しているのかをもう一段具体化するのが良いでしょう。

④柔軟な働き方を導入するために必要な内容を提案したい

　⇒「柔軟な働き方」の中身が曖昧です。この中には「労働時間が柔軟である（いわゆるフレックスタイム）」、「働く場所が柔軟である」や「雇用契約が柔軟である」などの解釈ができそうなので、明確にする必要があります。

　何となく聞きなれた言葉を曖昧なままにしてゴール設定をしてしまうと、軸が定まらないことが想像つきますね。

■ "なぜ"を織り交ぜない

　ここで、もう一度、問題解決のプロセスを確認しておきましょう。

　本節は、次ページの**図2−8**のSTEP１のゴール設定の話をしています。STEP２やSTEP３は、現状や要因の仮説を立て、それを検証することで確認していきます。

　ところが、STEP１で設定するゴールの中に、STEP１の後で調べて確認することになっているはずのSTEP３の要素（つまり「要因」）が入り込んでしまっていることがあります。

図2-8　問題解決あるいは企画提案のプロセス

例えば、次のようなゴールです。

「営業チームの経験不足で、<u>売上が伸び悩んでいる</u>」
「クレームが増えたため、<u>業務時間が異常に長くなってしまっている</u>」
「観光地としての魅力がないため、<u>移住者が増えない</u>」
「我が社のブランドが低いため、<u>シェアが最下位のままだ</u>」

　いずれも、「～～～が理由で、～～～～という問題が起こっている」という構図になっています。「自分の業務についての問題を具体的に書いてください」と質問すると、反射的に出てくる典型的な事例です。反射的に出てくるということは、その内容が刷り込まれているとも言えます。つまり、その業務を行っている人やチームにとっては"当たり前"だと思われていることが出てきている可能性が高いのです。

　でも、ここで求められているゴールは、あとで調べることになっている「要因の想定や仮説」を排除した、できるだけ客観的で具体的な困り事、すなわち「問題」です。

　先ほどの事例で言えば、下線をつけた部分が「問題」であり、その前についているものは、その問題に対して本人が「要因」だと思っている内容に他なりません。問題定義で求められるのは、下線をつけた部分だけで

す。

　では、なぜ「問題」の中に「要因」（の仮説）が入っているとマズいのでしょうか。

　前でも述べたように、「要因」は、STEP 2で確認された現状に基づいて、STEP 3で仮説を立て、その仮説をデータなどで検証して、はじめて客観的に確認されるものです。ところが、最初の入り口であるSTEP 1で、自分の主観や思い込みによる要因を織り込むことで思考の範囲を狭めてしまうことになります。

　例えば、「営業チームの経験不足で、売上が伸び悩んでいる」を問題として定義してしまうと、その人の頭の中では、売上が伸び悩んでいるという事実と営業チームの経験不足が常につながっていて、STEP 2の現状把握においても、おそらく売上のデータと営業チームの経験値を示すデータのグラフが登場します。
　そして、「ほら、この2つには関係性がありそうですよね」となり、結論として「営業チームに経験豊富なメンバーをリクルートする」などが出てくることが容易に想像できてしまいます。

　本当は、経験不足以外の要因が存在し、もしかしたら、それが根本要因であったかもしれませんが、それを最初から思考の"範囲外"にしてしまうリスクが非常に高くなります。
　さらに厄介なのは、業務経験が長く、業務に通じているほど、自分で一度外から問題を客観視することが難しくなるのも事実です。そして、おそらく自分で最初に狭めてしまった要因も、検証すれば何かしら問題との関連性が見えることは多いため、その要因だけで結論につなげることができてしまうのです。

こうなると、本人の努力では如何ともしがたい状況が完成しているわけで、第三者から「別の要因が存在するのではないか」というような指摘を受けて、はじめて「えっ！」と気づくことになります。

図２-９　「要因」が入るとプロセス全体の思考が狭められる

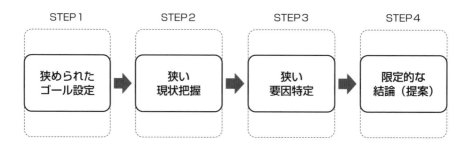

　このように、自分の思い込みや主観に気づき、自ら拭い去ることは、一般的になかなか難しいところもありますが、少なくとも**「要因」が「問題」に紛れ込んでいないか**、という視点だけは意識しながらチェックできるはずです。これだけでも、かなり自分の「思い込み要因」を排除することができるので、ぜひ試してみてください。
　そこで、何か漏れてしまっていたとしても、第三者にチェックを依頼して指摘してもらうのも、もちろん有効です。

■ゴール設定後に注意すべきこと
　これは、ゴールを設定するときの注意点というよりも、ゴールを適切に設定できたとしても、そのあとの作業中に気をつけておきたい点になります。例えば、次のようなことが、問題解決や企画提案のプロジェクトの中で比較的容易に起こり得るのです。

STEP 1 で設定したゴール：
　「我が社主催のイベントにもっと多くの人に参加してもらいたい」

STEP 2 で確認した現状：
　「イベントに来た人は20〜30代の女性の割合が最も大きかった」

STEP 3 で確認した要因：
　「来場者アンケートによると、イベントで行ったゲームの満足度が最も高かった」

STEP 4 で提示した結論：
　「20〜30代の女性を中心に、より盛り上がるゲームを考案し宣伝しよう」

どこに問題があるか気がつきましたか？
実は、次のような2つの問題があります。

①作業中にゴールを忘れてしまう

　そもそものゴールは「もっと多くの人に参加してもらう」でしたね。ところが、この提案（結論）の対象は「すでに参加した人（20〜30代の女性）」に向けられています。より多くの参加者を獲得するには、まだ参加したことがない人にも参加してもらう必要があります。

　そのため、最終結論・提案の中身には、少なくとも「参加したことがない人が参加するためには何が必要か」についての提言が入っていないと目的が十分に達成できないことになります。目的を適切に達成するためには、参加しなかった人は何があると参加してくれるのか、参加しなかった理由は何かといった情報収集がSTEP 3で必要となるはずです（実際に入手するには、ハードルが高い課題だとは思いますが）。

②見えてきたことからゴールが動いてしまう

　いつの間にか狙うポイントが「参加・集客」から「満足度」にすり替わってしまっています。このままだと、既に参加してもらったお客様の満足度をさらに上げるには何が必要かについての提案になっていますね。

　一見、筋の通った提案なので「そうだね」と納得してしまいそうですが、東北地方の温泉に行くことを目指していたはずが、いつの間にか伊豆の温泉にたどり着いていて、「同じ温泉だから良さそうだね」と言っているのに近い状態です。

　上記2つの問題は、第三者的に冷静、客観的に見ると気づきやすいのですが、作業をしている本人にとっては、ついつい目の前に入ってくる情報に振り回されて、無意識のうちに自分で「ゴールを動かして」しまいがちです。

　ゴールの設定は、スタート時点で適切にできたものの、その時点で安心してしまい、作業が始まると、それがどこかへ飛んでしまい、作業内容に没頭してしまうことで、当初の明確なゴールから自分が向かっている方向が少しずつズレていることに気がつけていない状況が頻発します。

　当然ですが、ゴールは「設定したら終わり」ではなく、結論に至るまでのすべての過程で、何度も次のようにチェックすることがおススメです。

> 「そう言えば、ゴールは何だったっけ？」
> 「今、自分が取り組んでいる作業内容は、ゴールへの道筋と合っているのだろうか？」

　こうしたチェックを怠ったために、膨大な作業と時間を費やして結論をつくった後に、他者からの指摘で「全部やり直し」となった悲しいケースをたくさん目にしてきました。

図2−10　ゴールとのズレが徐々に拡大していくイメージ

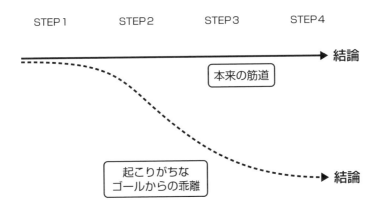

もちろん、作業内容によって、それが適切であれば意図的にゴールを修正することは全く問題ありません。確認作業を進める中で新たに見えてくることがあるのも事実です。

その際には、ゴールの修正が恣意的になったり、必要以上に自分の思考が目の前のデータに翻弄され、狭くなったりしないように十分注意してください。

第 **3** 章

良い仮説をつくるための
テクニック

仮説をつくる3つの要素

■ どのように仮説をつくればいいか？

第1章で「良い仮説」の要素として “**網羅性**（狭い視野の中だけで仮説を思い描かないこと）” と “**論理性**（筋が通っていること）” の2つについて説明しました。

では、この “良い仮説” に少しでも近づくために、どのように仮説をつくっていけば良いのでしょうか。

そのために、「仮説をつくる」ことを3つの要素に分けて考えたいと思います。

その要素は、①**思いつく**、②**まとめる（整理する）**、③**広げる**の3つです。

ここでは、仮説の種類の違い、すなわち**ストーリー仮説**、**現状仮説**、**要因仮説**の違いは意識せず、いずれの仮説にも共通する仮説をつくるときに必要な3つの要素について大まかに理解しておきましょう。

この3つの要素それぞれの位置づけをざっくりと理解するために、再度、旅程表の作成法を思い出してみましょう。

旅行先が具体的に決まり、あなたは今、そこへ行くための旅程を考えようとしているとします。何となく自分の頭の中で日本地図などを描きながら、例えば「まずは東京駅から新幹線で新大阪駅まで行き……」など、最初は大雑把に考えてみるはずです。

図3−1　仮説をつくる3つの要素

　続いて、新大阪駅からは在来線に乗ることになるけど、何線で、どの駅まで行けば良いのかについては、ネットで検索して調べてみるかもしれませんね。ここまでは必要な情報をあれこれ引き出している状態であり、①の「思いつく」に近い内容です。

　その後、旅館にたどり着くためにはバスが必要だと聞いていれば、そのバスと接続が良い電車の時間を調整するでしょう。そうやって個々の材料（パーツ）がつながって整理されてきますね。これが、②の「まとめる（整理する）」に相当します。

　ところが一旦、それらしい旅程表が完成したところで安心してしまう人と、そうでない人に分かれます。確かに、でき上がった旅程表自体に不備はないものの、もしかしたら、もっと安く、もっと早く、もっと快適に旅館に到達できる行き方があるかもしれませんよね（今は自分が知らない、または気づいていないだけで）。

　さらに思考を広げて考えてみることで、"より良い"旅程表にたどり着ける可能性が高まるかもしれないのです。これが、③の「広げる」に相当します。

　では、この3つの要素を1つひとつ順番に説明していきましょう。

■ 思いつく

　まずは、仮説をつくるための材料（パーツ）が必要です。何もアイデアや情報がなければ、仮説はつくりようがありません。でも、その仮説を構成する材料は、どこから持ってくれば良いのでしょうか。

　仮説を構成する材料は、次のようなものから出てくることが多いでしょう。

- 自分の思いつき、アイデア、ひらめき
- 自分の知識
- 自分の経験
- 他人の意見
- データなど調べた情報

　最終的に使うか否かは別として、材料が多いに越したことはありません。多いほうが使える選択肢が増えるからです。おもちゃのブロックのピースが多ければ多いほど、それらでつくり上げることができるものの選択肢が増えるのと同じです。

　ただし、ここで気をつけておきたいのは、アイデアを集めるために調べたり、分析したりする作業の中で、その情報を見ることによって、かえって必要以上に自分の思考が固定されないようにする必要があります。

　自分が集めたり見たりしている情報やデータは、あくまで一部を切り取ったものであり、それらが世の中すべてを表しているわけではないという意識を"強く"持たないと、簡単に引きずられて、それらの情報やデータをもとにした思考以外の可能性を想像しづらくなってしまいます。

　知り得た情報によって、かえって自分が見ている（考えている）範囲が余計に狭められてしまうことは本当によく起こります。そして、本人自身がそれに気づきにくいことも厄介です。

■まとめる（整理する）

　思いついたアイデアを、次から次へと箇条書きでリストアップしたとします。でも、例えば「売上が減少した」問題について、その要因仮説としてのアイデアを30個も40個も箇条書きにしたとしましょう。

　それらが本当に要因を網羅しているのか、そこで挙がった多くのアイデアはお互いにどのような関係にあるのかなどは、上記のようにアイデアを列挙するだけでは明確に把握することは難しいでしょう。

図3−2　アイデアが多いほど全体像と個々の内容を把握しづらくなる

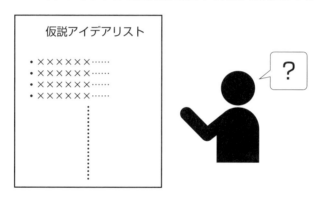

　では、仮説の材料となる個々に出てきたアイデアをうまく整理して、全体像を論理的に把握し、さらに良い仮説に近づけるには、どうしたら良いでしょうか。

　ここでは、"論理的"というキーワードに着目してください。論理的、すなわちロジカルな考え方が役に立ちます。

　皆さんは、「ロジカル・シンキング（論理的思考）」について勉強されたことはあるでしょうか。

一般的な「ロジカル・シンキング」のスキルの1つとして、情報を論理的に整理する技術があります。様々なテクニックがあるものの、それらの根幹に共通してある概念は"構造化"です。

　構造化とは、1つひとつの情報の"関係性"を視覚的に整理して明らかにすることです。

　そのためのツールの1つに「ロジックツリー」と呼ばれるものがあります。論理的（ロジック）な木（ツリー）という意味ですね。

　ロジックツリーをご存知ない方も、聞き慣れない横文字の名前に身構える必要はありません。

　ロジックツリーは、要するに、情報を階層的に並べて整理しているだけです。難しい知識や学問の習得が必要になるわけではないので、ご安心ください。

　ロジックツリーを仮説づくりに応用する具体的な方法は後ほど説明しますが、ここでは、**図3-3**で、まずロジックツリーとはこういうものだという一般的な例を紹介します。

図3-3　ロジックツリーの例

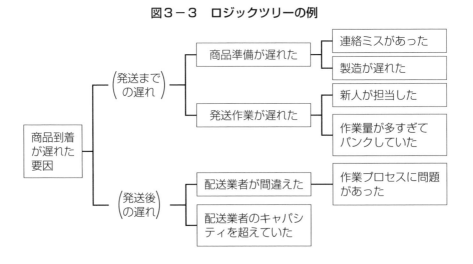

同図は、「商品到着が遅れた要因」、すなわち商品到着遅延という問題に対する要因仮説を、簡単なロジックツリーにまとめた一例です。

　まず、「発送前（発送まで）」と「発送後」のカテゴリーに枝を分け、それぞれの枝の中で、その要因を分解して整理しています。

　左から右に進むにつれて"なぜ"を繰り返す構造になっていることに注目してください。例えば、「商品準備が遅れたのはなぜか？」の問いに対して「連絡ミスがあった」「製造が遅れた」という２つの要因が示されています。いわゆる"なぜなぜ分析"の流れですね。

　反対に、右から左に向かっては"だから"や"故に"という関係になっています。先ほどと逆に考えると「連絡ミスがあった」または「製造遅れがあった」"だから"「商品準備が遅れた」という説明になります。

　もちろん、このロジックツリーは、まだまだ改良、拡大の余地がありますが、ロジックツリーまたは構造化とはどういうものかをご理解いただけたかと思います。

　整理して全体像が掴めること、言い換えれば個々の情報（仮説のアイデア）の関係性が整理されることは、とても大事です。

　なぜなら、全体像（個々の情報の関係性）を理解できなければ、「どこまでのアイデアは出ていて」「さらに不足していることは何か」という仮説を広く考えるための思考につなげることが難しいからです。

　最後の③の「広げる」を実現させ、"網羅性"という良い仮説の条件をできるだけ満たすためにも、この整理するプロセスが欠かせません。

■広げる

　情報を適切に整理すると、まず自分が見えている内容や範囲を確認することができます。もちろん、それで必要な内容をすでに網羅できていれば問題ありません。ただ、まずは「思いついた」仮説のアイデアを出して整理しただけで、必要な内容が十分に網羅できていることは稀です。

そのため、一旦整理した仮説のアイデアを元に、そこから「はじめは思いつかなかった（見えていなかった）」範囲まで思考を発散させて広げることを目指しましょう。

　ここでは、次のように思考を広げることを目指します。

- 自分が知っている範囲
　　　　↓
- 自分が知らない（経験していない）範囲

　誰でも自分が持っている（知っていたり調べたりした）知識の範囲で、アイデアを出したり、整理したりすることは、それほど難しい行為ではありません。ただ、それが仮説として十分かと言うと、そうでないケースがとても多いのです。

　そのため、次のようなレベルにまで思考を広げないと、仮説として十分とは言えないのです。

- 自分では経験したことがない
- 自分としては聞いたことがない
- 自分の知識としては持ち合わせていない

図３－４　知っている範囲から知らない範囲へ

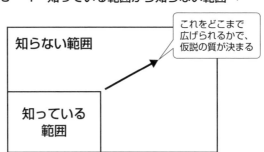

では、どのように「自分が知らない範囲」まで思考を広げれば良いのでしょうか。

それは、②の「まとめる（整理する）」でつくったロジックツリーを生かすことで思考を広げることができます。

例えば、82ページの**図３－３**のように、一旦思いついた６つのアイデア（ツリーの各枝の右端にある箱）を使ってロジックツリーで整理したものから、その整理の枠を広げたり分解したりすることによって、下の**図３－５**のように、さらに４つのアイデア（図中のグレーにした項目）を追加することに成功しています。

図３－５　整理の枠を広げたり分解したりしたロジックツリーの例

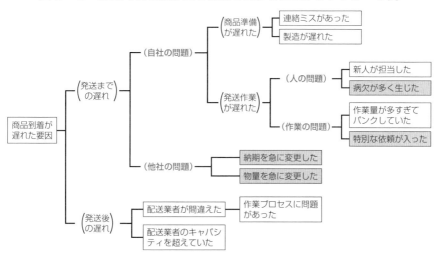

図３－５は、あくまで思考を広げた結果の一例を示したものですが、これをどのように実現するのか、いくつかのテクニックを本章で紹介していきます。

ストーリー仮説
──結論を言うために何が必要か？

■ストーリー仮説とは何か？

　ここでは、問題解決や企画提案を行なうときに最初に考えておくべき「**ストーリー仮説**」について説明しましょう。

　先にお断りしておくと、先ほど紹介したロジックツリー（構造化）などのテクニックは、この「ストーリー仮説」づくりでは必要とされません。ロジックツリーは、後ほど説明する「現状仮説」や「要因仮説」をつくるときに活用するので、ご注意ください。

　最初に考える「ストーリー仮説」は、第1章で説明した問題解決（あるいは企画提案）のプロセス（**図3－6**参照）である4つのSTEPの中のSTEP1（ゴールを決める）で必要となります。具体的には、ゴールを設定した後に、「そのゴールに到達するための**有効な結論に欠かせない要素（情報）は何か？**」「その要素は、どのようなプロセスで収集、確認すべきか？」といった、**全体の筋道（ストーリー）を事前に想定しておく行為**（あるいは、全体の筋道の仮説を立てておく行為）です。

図3－6　問題解決（企画提案）のプロセスとストーリー仮説

では、「有効な結論に欠かせない要素」とは一体、何でしょう。

　組織全体であれ、組織内の一部門であれ、いつもの仕事のチームであれ、ゴールを実現するためには、今と違う状況をつくり出す必要があります。例えば「売上が下がっている」問題を何とかしたいというゴールの場合、今の状況をそのまま維持するだけでは、問題解決ができないどころか、さらに状況が悪化してしまうかもしれません。今の状況に変化を起こし、改善の方向に持っていきたいわけです。

　となると、変化を起こすには、何かしらの"**アクション**"や、そのアクションにつなげるための"**判断**"が必要ということになりますね。

図3－7　変化を起こすために必要なこと

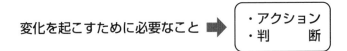

　設定したゴールに対して、最終責任者や最終意思決定者が"判断"や"アクション"を実行するために必要な情報が「有効な結論に欠かせない要素」ということになります。

　「データ分析に基づいたビジネス提案」などとして、過去の売上実績や市場環境の変化をデータで具体的に提示して終わり、というケースをよく目にします。でも、それを提示することで、問題や情報の共有はできますが、それだけでは、「ふ〜ん、そうなんだ、マズいよね。このままだと」という感想にしか到達できないでしょう。あくまで、何かしらの判断やアクションに"直接"つながるものが必要になります。

　具体的には、有効な結論に欠かせない要素として、次のようなものが挙げられます。なお、それぞれ1〜2行目が結論の具体的な内容、3行目が

その結論から導かれる "判断" や "アクション" を問う表現になっています。

- XXXXということが分析により判明したので
  YYYという方策が有効と考えた。
  これで進めて良いか否か？

- AとBという対策の選択肢があり、
  それぞれを〇〇という基準で比較評価するとXXXである。
  どちらを進めれば良いか？

- XXXという評価基準で
  AからDまでの優先順位をつけた。
  この順位で対応することで問題ないか？

　もし、あなた自身がゴールの意思決定者であれば、自分が判断を下すためには、どのような情報があると合理的に安心して判断ができるでしょうか。また、意思決定者があなたの上司や本部長、役員などの立場の方であれば、どのような提案を持っていくと、その場で決断あるいは指示してくれるでしょうか。

　その中身を具体的に考えてみると、自ずと必要な情報が何か見えてくるはずです。

　その上で、「ストーリー仮説」としては、この必要な情報をどのように（どのような材料を使って、どのような順番で）組み立てていくのか、についても想定しておきます。

　まさに、行先を具体的に決めた後に、そこに到達するための移動手段（何を使って、どのような順番で）を決めておく旅程表作成作業そのものです。

ストーリー仮説についての理解を深めるために、いくつかの具体例を見てみましょう。

　いずれも、ストーリー仮説では結論の内容（中身）そのものを想定しているのではなく、「結論として最終的に何が必要か」と「それをどう導き出すか」だけを考えていることに着目してください。

　ストーリー仮説は、その性質上、現状仮説や要因仮説をつくるときに必要な「思いつく⇒まとめる⇒広げる」という手順とは異なる発想が必要です。あくまで結論に至るステップ全体の"流れ"や"順番"、"つながり"といったものを論理的に考えておく作業だからです。

　具体的には、結論に近いところ（最も近いのは「結論を出すために必要な情報は何か？」）から考え始め、段々と手前の作業に遡る手順で考えると進めやすいはずです。

■ストーリー仮説はどのようにつくるか？

　以下に、3つの事例を示します。いずれも、4）が「**結論を出すために最終的に必要と考えられる内容**」で、これを最初に考えておきます。次に、「**では、それを知るために必要なことは何か？**」と自問し、3）⇒2）⇒1）の順に遡っていきます。その他のケースがすべて4段階とは限りません。より複雑であったり、大きなゴールであれば、さらに調べる段階が細分化されたりすることもあるでしょう。

　旅程表をつくる際に、出発時点や出発時刻からつくり上げると、最終目的地に想定時刻までに到着できないかもしれないので、目的地到着時刻を先に定めてから、どの時刻に、どの交通機関に乗り継ぐ必要があるか、目的地に近いほうから調べて、順に出発地に近いほうにつなげていくのと同じ発想です。

[例1]

ゴール：「宣伝予算をAとBどちらにより多く使うべきか判断したい」

ストーリー仮説（結論を出すために必要な情報と、それをどう導き出すかの想定）：

1）ＡＢそれぞれの売上実績と利益について調べて比較する

2）過去使った宣伝予算とＡＢそれぞれの売上の変化の差を調べる

3）ＡまたはＢに宣伝予算を多く使った場合、それぞれの想定売上と利益を計算してみる

4）中長期的な販売戦略との整合性も考慮しつつ、3）の算出結果からＡまたはＢの優先度を示す

[例2]

ゴール：「最近増えてきた顧客クレームを減らしたい」

ストーリー仮説（結論を出すために必要な情報と、それをどう導き出すかの想定）：

1）どのサービスに対してのクレームが増えているのか、現状を把握し、

2）どのようなクレーム内容が多いのかを特定した上で、

3）なぜ以前と比較して最近増えたのかの要因を特定することで、

4）どのような対策（アクション）が必要か、の提案を行う

[例3]

ゴール：「次のイベントを開催する会場候補について提案する」

ストーリー仮説（結論を出すために必要な情報と、それをどう導き出すかの想定）：

1）会場ごとの条件をどのように評価すべきか基準を検討する

2）各会場候補について、この基準に基づいた評価結果を算出する

3）違う評価基準があれば、それについても評価してみる

4）各評価基準による違いも考慮しつつ、最適な会場の優先順位を提示する

上記以外にも、様々なストーリー仮説の選択肢はあると思います。「確実な」「正しい」「真実に沿った」ストーリーを描くことが求められているわけではありません。「いろいろ調べたら、このストーリーは成立しない」とか、「情報が足りなくて検証しようがなくなってしまった」などということは当然起こり得ます。

　正しいか、合っているかではなくて、筋が通った（途中で筋が途切れていない）ストーリーであり、それが確認できれば自分なりの結論が出せる、と思えるストーリー仮説を考えるようにしましょう。

　なぜ、この「ストーリー仮説」が、問題解決（あるいは企画提案）のプロセスの最初にあるSTEP１の中で必要かつ重要となるのでしょうか。

　もし、最初に（ゴールを設定するSTEP１で）「ストーリー仮説」がなかったとすると、結論を出すまでの各STEPの内容も、またSTEPごとのつながりもすべて"出たとこ勝負"もしくは"行き当たりばったり"になってしまうためです。

　そもそも、仮説アプローチとは、事前に想定した内容を検証して進めることでした。結論を自分でどう出そうとしているのか、そのために何が必要なのかがわかっていないまま、情報収集や分析作業などに入ると、そうした作業から見えたこと（だけ）に振り回され、最終的に着地する地点もその内容次第、ということになってしまうのです。

　実際には、これに反して、いきなり情報収集や分析業務といった"作業"を始めてしまう人は少なくありません。「まずは情報」「まずは作業」という思考を一旦リセットすることが"仮説アプローチの鉄則"なのです。

現状仮説　——現状をどう分解する?

■現状仮説とは何か?

　STEP 2の現状把握で必要となる「現状仮説」(現状仮説というネーミング自体も私が考えたものです) について説明しましょう。

　例えば、問題解決をする場合、まずは、その問題がどのようなものなのか、できるだけ正確に客観的に認識できているほうが、より具体的かつ効果的で、精度の高いSTEP 3の要因特定につなげることができます。

　ところが、「XXXに困っているんだよね」や「XXXについて何とかしたいんだよね」という会話は日常業務においてよく耳にするものの、では、次のように問われると、固まってしまう人も多いのです。

- その困っていることって、**客観的にどう見えるの?**
- **本当に困っているという事実**は、どう確認できるの?
- その問題って、**どのくらい大きな問題なの?**

　自分の業務における問題なので、何となく誰もが、それが問題であるという前提で仕事をしているとか、先輩やお客さんの多くが皆いつも困っていると聞いているといった主観的に問題をとらえている状況が多いのです。

　例えば、「これまでずっと売上好調だった〇〇コーヒーの売上が良くない」という問題の解決をゴールとして設定したとしましょう。そこで、STEP 2の現状把握において、この問題を客観的に把握したいと考えます。

何の仮説もなく「まずは確認作業」から入ってしまうと、例えば、この
コーヒーの過去からの売上データを集めてきてグラフに表す、ということ
になります。

　その場合、確かに、そのグラフを見て「売上が下がっている」というこ
とは確認できるでしょう。

　でも、この○○コーヒーの販売が全国展開しているとしたら、全国の合
計販売実績による現状把握は最適なものと言えるでしょうか。もしかした
ら、関東地方と関西地方では売上の傾向や実績が大きく異なっているかも
しれません。関東の売上は維持できている一方で、関西の売上だけが激減
している可能性はあるわけです。

　この違いが、次のSTEP 3における要因特定にどう影響を及ぼすかを見
てみましょう。

「現状把握」で確認したこと		「要因特定」で考えること
• (全国で) 売上が下がっている	⇒	• どうして下がっているのだろう？
• 関西での売上だけが激減している	⇒	• 関西と他の地域との違いは何だろう？

　上記のどちらが、要因特定において仮説（要因仮説）を立てやすく、ま
た、その仮説を検証しやすいと思いますか？

　後者（下段）のほうが、問題がより具体的に掘り下げられているが故に、
その要因も具体的に想定しやすくなっているのです。問題や現状が漠然と
しか把握できていないと、その中で次の要因仮説を立てるのに苦労します。

　第2章で「解像度」について触れましたが、まさに、いかに適切に問題
や現状の解像度を上げるかが要因仮説、ひいては要因特定の良し悪しを決
めるのです。

■ 良い現状仮説をつくるときに必要なこと

　ところが、手当たり次第に目の前のデータや情報を見て、そこから見えることだけで解像度を上げて現状や問題を把握することには何ら客観性も合理性もありません。そこで、より論理的で網羅性のある「（現状）仮説」が必要となります。

　先ほどの売上減少の例では、「地域」という切り口を挙げました。商品の中身やビジネスの規模などにもよりますが、一般的には、例えば、次のような切り口が候補として挙げることができます。

- 店舗ごと（地域の切り口をさらに細分化したもの）
- 売上のタイミング（月や週、日にちや時間帯など）
- お客様の属性（年齢や性別、年収帯や職業、好みなど）
- 商品のタイプ（年式や色、価格帯など商品をさらにグループ分けできる場合）

　この切り口（考え方）は、「売上」だけに適用できるのではありません。私はセミナーや研修の中で受講者に次のような問いかけをします。

　「皆さんが現在、業務上で抱えている問題の解像度を上げて、客観的に確認しようとするとき、対象となる問題は、どのような切り口で分解すると、より効果的に解像度が上がると考えますか？」

　このように問いかけると、「そんなこと考えたこともない」という顔をされる方が多く、まずはいつも見ている／使っているデータや表、グラフなどを思い描いて、反射的に、その中から正解を探し出そうとする人が出てきます。何度も言いますが、この「まずは情報を見る」行為は、適切な仮説アプローチと逆行した発想です。

情報に何が書いてあるか、ではなく、そもそも、その問題はどう切り分けることができそうかを"想定"することが仮説だということを肝に銘じておいてください。

　では、ここで、この分解することをベースとした現状仮説をつくるためのテクニックの１つである、ロジックツリーを活用した"構造化"を導入してみましょう。

図３−８　現状仮説を構造化で考える

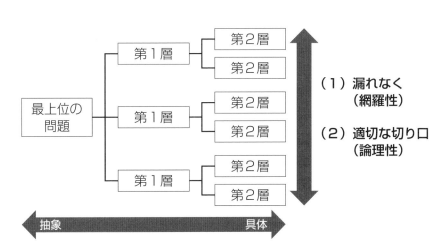

　図３−８は、問題をある切り口で分解して構造化した現状仮説のロジックツリーを表したものです。左側にある「最上位の問題」が先ほどの例における「（全国での）売上減少」だとすれば、その右にある第１層では、一例として「東北地方以北の売上」「関東地方の売上」「関西以西の売上」「それ以外の地域の売上」といった地方の切り口で分けられます。

　さらに、その右の第２層では、各地方を例えば県レベルでの売上にさらに分けています。もちろん、さらに市町村別や店舗別というように、第３

層、第4層……と続いても良いのです。どこまで深掘りするかも仮説の一部です。

　ただし、何でも思いついた切り口で、どこまで深掘りするかも適当に「こんなもんかな？」といったフィーリングで決めてしまっては「良い仮説」に近づくことができません。

　「良い仮説」にするためには、既に説明した**"網羅性"**と**"論理性"**に着目しましょう。

　ここでの**"網羅性"**は、抜け漏れがない、もしくは少ないことを意味します。例えば、第2層で地方レベルに分けたときに、実際にはある地方での売上があるにもかかわらず、その地方を抜かしてしまうと正しく問題が把握できなくなってしまいます。「情報を漏らさないなんて当たり前じゃないか」と思われるかもしれませんが、油断大敵です。例えば、**図3−9**のような例もありますので。

図3−9　油断すると抜け漏れが起こりやすい

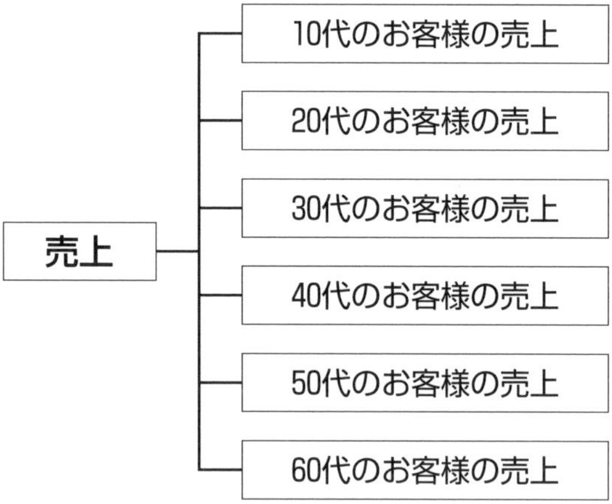

図３−９では、お客様の年代ごとに、その売上を分けたものです。一見すると、これで良さそうに思えますが、何が問題かわかりますか？

　自分の頭の中に「メインのお客様は10代〜60代」という認識があって、その範囲だけしか表されていません。「10代未満」や「70代以上」のお客様について無意識に除外していたとしたら、正しく現状を把握するという目的からは不適切かもしれません。

　そして、もう１つのポイントである"論理性"についても説明しましょう。
　現状を認識するときに求められる"論理性"とは、「より適切な切り口」で分解して解像度を上げることに他なりません。

　では、何をもって「より適切」と考えれば良いのでしょうか。
　それは、分解して解像度を上げる目的を再度考えてみると見えてきます。

　例えば、とりあえず目的を持たずに、「売上額」を東日本での売上額と西日本での売上額という大まかな地域軸で分けてみたとします。
　その結果、東西両地域間で売上額にほとんど差がなかったとすると、この地域差という切り口は売上額という結果に対して、ほとんど影響がないことを示しています。解像度を上げる目的は、分解して細かくした結果、より問題を具体化できることにあります。
　分けた結果に、"違い"や"差"がなければ、具体化は難しいのです。

　つまり、「"より適切"な切り口とは、"より大きな差が出そうな"切り口」ということです。

より大きな差があればあるほど、その切り口は結果に対して影響が大きい（意味がある）ことを示すからです。下の**図3−10**であれば、左の「地域」の切り口よりも、右の「時期（四半期ごと）」の切り口のほうが仮説として優先されるべきです。もちろん、検証した結果、当初の仮説のとおりの差でなければ、その結果を元に仮説を再度練り直し、優先順位を変えれば良いのです（作業的に多少面倒ですが）。

図3−10　より差が大きく出ると思われる切り口を優先的に

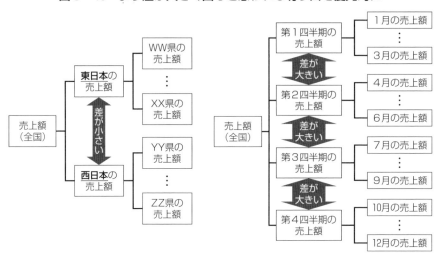

　さらに、"論理性"について言えば、闇雲に差が大きいであろう切り口を考えるだけではなく、ゴール（目的）に見合った切り口を論理的に考えることも現状を把握する上では効果的です。

　例えば、次ページの**図3−11**において、地域による顧客数の差もあるだろうと考えて、左のように地域軸で切り分けることも有効だと思いますが、一方で既存顧客の現状把握（分析）を適切に行った上で「どうやって**顧客を増やすか**」を提案するというゴールを設定する場合には、お得意様（リピートする顧客）と、そうでないお客様（リピートしない顧客）とに分けて顧客数（人数）を把握した上で、それぞれに違う対応が最終的に必要と

なるだろうと考えれば、右のような切り口がよりゴール（目的）に見合った分け方と言えます。

図3-11　ゴールに見合った分け方も重要

■ロジックツリーで構造化するときのコツ

　ここで、ロジックツリーで構造化するときの作業上のアドバイスを1つしておきます。実際に、自分の業務テーマで、この作業を行っていただくと、次ページの**図3-12**のように、同じ内容の枝が複数（場合によっては多数）できてしまう、というケースに戸惑う人が出てきます。

　同じ内容が繰り返し複数登場すること自体は、間違いや問題ではありません。ただ、作業をする上で、繰り返しの分、全体の構造が肥大化してしまいます。あとでデータなどを集めて個々の内容をすべて検証しようとすると、作業量が増えるというデメリットがあることは承知しておいたほうが良いでしょう。

　したがって、同じ内容の繰り返しが必要以上に出てきたと感じた場合には、作業効率化の観点から、可能な範囲で異なる組み方で再度、構造化すると良いでしょう。ただし、そのために、他の大事なポイントをおろそかにしてしまうのは本末転倒と言えるでしょう。

図3-12 「繰り返し」があるほど全体の構造が肥大化してしまう

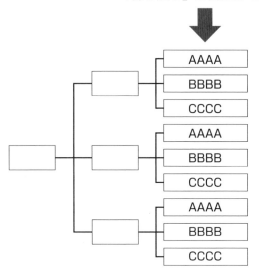

ここまで説明した内容で、「現状仮説」をつくるときに覚えておくべきポイントをまとめると、次のとおりです。

- 問題などの現在の状況を、どのように確認するかを考える
- その状況をできるだけ具体的に確認するために解像度を上げる（＝分解する）
- 解像度を上げるために、どの切り口で分解するかを仮説として想定する
- より適切な切り口は、より大きな差が出ると思われるものを優先的に選ぶ
- ゴールに論理的に見合った切り口を優先する

私の研修やセミナーでは、ここまでじっくり説明した後に、次の質問を投げかけます。

> 　「普段、皆さんが業務で扱っている問題の解像度を上げて、その現状を具体的に把握したいと考えているとしましょう。
> 　そのときに、より大きな差が出そうな切り口のTOP３を挙げてみてください。事実か正解かは気にしなくて結構です。仮説ですから、あとで検証することが前提です」

　やはり、多くの人が、自分の業務のことにもかかわらず、ここで「う〜ん」と唸り始めます。
　でも、これが、現状把握における現状仮説の基本です。これを経ずに、とりあえず、いつも使っているデータの切り口だけで現状を把握しようとしても、そこには何の想定も合理性もなく、既存の情報にすべてが左右されたものになってしまいます。皆さんも心当たりはないでしょうか？

　ここで、「でも、どの切り口にすると差が大きくなるかなんて、データなどで確かめないとわからない」という人もいるかもしれません。でも、データで確認するにしても、「どの切り口のデータを見ようかな」という"仮説"を考えることが必ず先に来ますよね。
　そこで、"いつも使っている、あのデータ"しか頭に思い浮かばない状況のまま（＝仮説をスキップしたまま）確認作業に入って、そこに思考と仮説の範囲がロックイン（固定）されてしまうことに問題があるのです。

　反射的にデータに飛びつかない、データの中に答えはないことを認識する、一息ついて、まずは**"考えてみる""発想してみる"**ことを意識してください。

要因仮説 ──なぜ、そうなっているのか？

■要因仮説とは何か？

　先ほど説明した売上減少の例の現状把握における現状仮説に基づいて、実際に、どの切り口で結果に差が大きく出ているのかをデータなどを使って検証すると、例えば、次に挙げるような現状（問題）が確認できるでしょう。

- 他の地域と比べて、関東地方の売上額が低いと言える
- 昨年1年の中で、4月の売上額が突出して低い
- 購入客の年齢別で見ると、30代の売上額が最も低い

　こうした現状（問題）をもとに、STEP 3で要因を特定していくのですが、そこでも仮説（要因仮説）を立てる必要があります。

　例えば、その「要因仮説」としては、次のように、具体的な内容になるでしょう。

- なぜ、関東地方だけが他の地域よりも低かったのだろう？
- なぜ、4月に売上が減少したのだろう（どうして、5月には売上がまた戻ったのだろう）？
- なぜ、30代の顧客は購入に至らなかったのだろう（他の年代はそうでもないのに）？

　いずれも、「なぜ」や「どうして」がキーワードになります。

もし、この前段階、つまりSTEP 2の現状把握において、先に述べたような解像度を上げることをしていない場合、STEP 3の要因特定における要因仮説は、次のようになってしまいます。

- なぜ、（全国の）売上額は減ったのだろう？

　これでも、要因仮説として成立はしますが、あまりに漠然と広い範囲を網羅した現状であるため、その要因候補を具体的な仮説として挙げることのハードルはかなり上がってしまいます。「なぜ」に対する答えを、地域軸で出すのか、顧客年齢軸で出すのか、期間軸で出すのか、その他なのか、可能性がまだ無限に残ってしまうためです。

　STEP 2で把握できた現状や問題の解像度が高く、具体的であればあるほど、その要因も具体的に挙げることが可能になります。そのため、STEP 2において、広い現状仮説を検証した結果としての現状把握ができていることがSTEP 3の要因特定において大事なポイントになってくるのです。

■ 良い要因仮説をつくるときに必要なこと

　要因特定における要因仮説は、把握された現状に基づいて、その原因や理由、背景などを想定することに他ならないのですが、「より良い」要因仮説の条件の1つは、“要因の可能性をできるだけ広く網羅すること”と言えます。

　とりあえず思いついた要因だけの中で検証作業に進むこともできますが、もしその中にいわゆる“根本要因（＝それを解決しないと問題が本質的に解決しない重要な原因のこと）”が入っていなければ、表面的、一時的な問題解決、もしくは解決できずに終わってしまうリスクが残ります。そうしたリスクを回避するための様々なテクニックについては後ほど紹介しますが、まずは自分が思いついた仮説の全体像を把握し、網羅されている範囲を認識できること（“網羅性”）は、現状仮説と同様に、要因仮説の基本

です。さらに "良い仮説" の条件である "**論理性**" は、要因仮説において
も重要です。要因や原因として挙げられるアイデアは、それぞれが現状把
握で確認した内容と論理的に直接的につながっている必要があります。問
題そのものとのつながりが遠く、多くの解釈を加えて何とか間接的につな
がっている仮説は優先度が下がります。

　例えば、次の例で考えてみましょう。

---

①我が町の人口減少の要因は、観光地の人気がないからだ
②我が町の人口減少の要因は、生まれる人数に対して死亡する人数が
　超えているからだ（いわゆる少子高齢化）

　どちらの仮説も間違っているわけではありませんが、①と②とを比べる
と、①には以下の論理的な流れが背景にあります。

観光地の人気がない⇒観光客が集まらない⇒認知度が上がらない
⇒人が訪れない⇒移住につながらない⇒人口が増えない⇒人口が減る

　論理構造（ロジック）全体の距離が長い分、自分の主観的な解釈や想定
を織り込む余地が増えます。もし、この流れのどこかが現実と異なってい
れば、全体としてのロジックは崩れてしまいます。論理構造全体の距離が
長いほど、ロジックが崩れるリスクも高まるのです。

　②の想定は、主観的な解釈や想定を織り込む余地が少ないので、①に比
べれば、ロジックが崩れるリスクは低いと言える（ゼロではありません）
のではないでしょうか。

　以上に挙げた "網羅性" と "論理性" をできるだけ担保しながら全体像
を整理するために、現状仮説と同様に、ここでも構造化、そしてロジック
ツリーといったテクニックの応用が有効です。

　要因仮説におけるロジックツリーは、"**なぜなぜ（なぜなぜ分析）**" を繰
り返して、その要因を深掘りする構造になります。

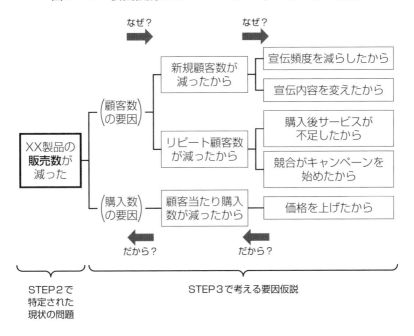

図３−13は、STEP２で「XX製品の販売数が減った」という問題が確認できた前提で、その背景にある要因仮説をロジックツリーで構造化したものです。

　最初に、顧客数と購入数という２つのカテゴリーに分け、それぞれの要因を右に"なぜなぜ"で、つなげて整理していきます。逆に、右側から左側の流れで見ると、"なぜ？"の関係とは逆に"だから？"のつながりができていることを確かめておきましょう。

　例えば、「宣伝頻度を減らした」「宣伝内容を変えた」"だから"「新規顧客数が減った」という流れです。この流れを確認した際に「あれ？」と思うようなことがあれば、論理性にどこか問題がある可能性があるので再検討してみましょう。

■ 要因仮説をつくるときに誰もが迷う2つのポイント

　要因仮説をつくるということは、「思いついたことを"なぜなぜ"と自問しながら構造化していく」ことだとシンプルに言うことができます。

　確かに、そのとおりなのですが、実際に自身のケースでやってもらうと、次の2つのポイントで迷う人が続出します。

---

① どこまで、"なぜなぜ"を繰り返せば良いのか？

② 挙げた要因に"網羅性"があることを、どう確認すれば良いのか？

　まず、①のポイントについて、前ページの図3−13を使って説明しましょう。"なぜなぜ"による深掘りを2回実施した結果が確認できます。では、さらに、3回目、4回目……の"なぜなぜ"は必要なのでしょうか。ほとんどのケースで、"なぜなぜ"は理論上、何回でも繰り返すことができます。「こんなところかな」という自分の主観だけで"やめ時"を決めてしまって良いのでしょうか。

　この問いに対する実践的な答えを考えてみましょう。要因特定であるSTEP3の結果は、次のSTEP4（結論）での方策提案につなげられます。もちろん、その方策が実行可能であり、問題解決（あるいは企画提案）に有効であることを目指しているわけです。そのためにも、特定された要因から直接、"現実的かつ有効な"方策（結論）につなげたいわけです。

　したがって、STEP3で"現実的かつ有効な"方策（結論）につながる適切な要因が特定できるかどうかで、"なぜなぜ"による深掘りを続けるか否かを判断すれば良いのです。

105ページの図３－13のとおり、２回の "なぜなぜ" で要因特定を終了したとしましょう。ここで特定できた要因は「宣伝頻度を減らしたから」をはじめ、５つ挙がっています。仮に、データなどで検証した結果、少なくとも「宣伝頻度を減らしたから」という要因と、販売数が減った問題との間に関連性が確認されたとします。となると、ここから導き出される方策として、次の提案がなされることでしょう。

「宣伝頻度を増やそう」

　確かに、筋は通っています。でも、もし皆さんが自分の組織の中で、

「XXXができていないので、うまくいっていません」

「では、XXXをやりましょう」

といった理屈で本当にうまくいった（できた）ことを、どのくらい思い出せるでしょうか？

　私は、そのような理屈から出てきた対策でうまくいった記憶がありません。逆に、「では、XXXをやりましょう」となって、実際にXXXをやったにもかかわらず、何も結果が変わらなかったり、そもそもXXXをやることができずに（やらずに）放置されたりしたまま、といったケースであれば多数思い出すことができます。

　ここで、皆さんにご理解いただきたいのは、「**いかに筋が通って論理的に導き出された結論でも、成果が出ないのであれば意味がなく、現実的に成果を出すための答えにたどり着くまでの深掘りが必要だ**」ということです。

先ほどの「XX製品の販売数が減った」という例で、（少なくとも私が考える）現実的な成果を出すために必要なレベルへの掘り下げ方は、**図3－14**のようになります（対象部分をグレーで表示）。

図3－14　実効的な成果につながる要因に至るまで掘り下げる

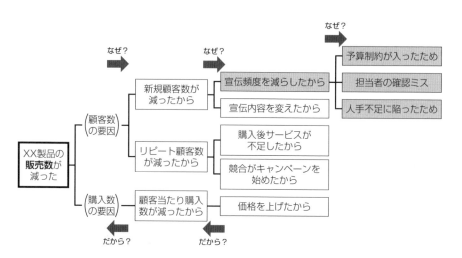

　「宣伝頻度を減らした」理由として、「予算制約が期中で入ってしまった」「担当者が確認せずに宣伝業者に発注をしていなかった」「担当者が転職してしまい、業務に手が回らなくなっていた」などが仮説として考えられたとします。

　そして、検証の結果、それらが本当に要因と考えられる場合、例えば、次のような現実的な改善策を導き出せるでしょう。

要因：「予算制約が入った」

↓

方策：「本部長を通じて経理に予算拡大を交渉」

```
要因：「担当者の確認ミス」
    ↓
方策：「次回からミスが起こらないチェック体制を構築」

要因：「人手不足に陥った」
    ↓
方策：「他部門や外部から経験者をリクルートしてくる」
```

　これであれば、先ほど挙げた「宣伝頻度を増やそう」という「XXXを
していないので、XXXをやれば良い」という単純な表裏の関係でない実
効的な方策を導き出すことができます。

　方策を現実的に実行するに当たり、少なくとも誰が何をすれば良いのか
のレベルで方策が特定できることが目安です。

　では次に、もう1つ皆さんが迷うポイントである②の「**挙げた要因に"網
羅性"があることを、どう確認すれば良いのか？**」について説明しましょ
う。次ページの**図3−15**のグレー部分を見てください。

　「新規顧客数が減った」要因として、「宣伝頻度を減らしたから」と「宣
伝内容を変えたから」の2つの仮説を挙げました。仮説なので、この2つ
の是非はあとで検証するとして、3つ目、4つ目……の要因仮説は、必要
ないのでしょうか？

　他にも要因があるとしたら、見逃してしまっているかもしれません。

　挙げられた個々の仮説が何かしらの基準で整理されており、ほぼ網羅性
が達成できていることがわかっていれば問題ありません。

　網羅性の達成にできるだけ近づく手段の1つとして、**"カテゴリーアプ
ローチ"**というテクニックを後ほど紹介しますが、この例のように、とり
あえず知恵を絞ってアイデアを出してみたけど、「他にもないのか？」と

言われれば、自信を持って「大丈夫」とは答えられないケースも少なくありません。

図3−15　網羅性をどう担保すれば良いか？

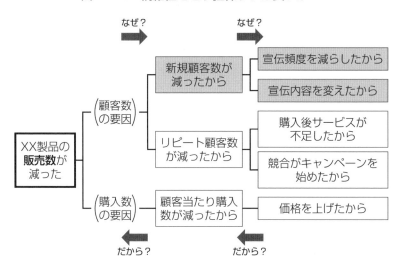

　この例では、最終的なゴールとして、販売数の減少を解決したいわけです。そのゴール達成の要素の1つとして、「新規顧客数の減少」を解決することが目的になります。したがって、ゴール達成のために考えてみるべき問いは、次のようになります。

> 「宣伝頻度を減らしたから」と「宣伝内容を変えたから」の2つの要因（仮説）を何かしらの方法で解決することができれば、その結果として「新規顧客数の減少」が解決できるか否か？

　理論的に仮説に抜け漏れがなく、網羅性が100％達成できているかどうかは、そもそも事前に確実に確かめることは難しいものですし、それよりも、上記の問いの答えを自分なりに考えてみるほうが現実的で必要なこと

だと言えます。

　そのため、ここで挙げた仮説が十分に目的を果たすか否か（すでに十分であるか、他にも探す必要がありそうか）は、上記の問いが成り立つのか否かを確認すれば良いのです。

　ただし、このアプローチ自体も完璧ではありません。"「宣伝頻度を減らしたから」と「宣伝内容を変えたから」の2つの要因（仮説）を何かしらの方法で解決することができれば、その結果として「新規顧客数の減少」が解決できるか否か"は、本当のところはやってみないとわからないからです。

　でも、その関係者や責任者などが、「確かに、それができれば、新規顧客が減るのは止まるかもな」と思えるのであれば、それでとりあえず"網羅性"には致命的な欠陥はないだろうと考えることもできます。

　繰り返しになりますが、この考え方で"網羅性"を100%担保することはできませんし、常に、どのケースにでも応用できるわけでもありませんが、このような有効性チェックを全くせずに、「とりあえず思いついたものを出して終わり」とするよりは、一段深い検討ができます。

　以上述べてきた、皆さんが要因仮説づくりを実践する上でぶつかるであろう、2つのポイントについてまとめると、次ページの**図3－16**のようになります。

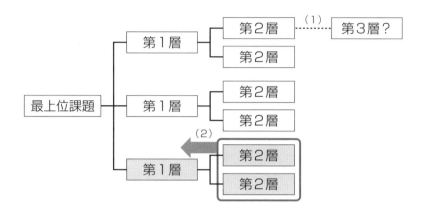

図3－16　要因仮説の有効性チェック

（1）要因に対し、「誰が、いつ、どうやって」という具体的で
　　　現実的な方策が思いつきますか？
　　⇒NOであれば、掘り下げが足りていないかもしれません

（2）下位の要因が解消すれば、上位の課題も解決しますか？
　　⇒NOであれば、要因が足りていないかもしれません

　ロジックツリーとは何かについての紹介や説明は世の中至るところにあるものの、それを実践的に活用する方法の解説はあまり目にすることがありませんので、1つの有効な応用例としても、ここまでの内容をぜひ参考にしてみてください。

ロジカル・シンキングだけでは十分でない理由

■ロジカル・シンキングで実現できること

　ロジックツリーを使って、思いついた個々の仮説アイデアを"構造化"して論理的に整理することは、俯瞰する意味でとても有効です。そのため、「現状仮説」または「要因仮説」のいずれに対しても、まずは構造化による整理をやっていただきたいのですが、**自分のアイデアを十分整理できたとしても、それで仮説として十分だとは言えないのです。**

　これがどういうことか、**図3-17**の例で説明しましょう。

図3-17　ロジカル・シンキングで実現できること

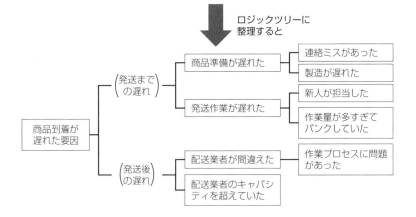

同図の上部には、商品到着が遅れた要因の仮説（要因仮説）として、思いついたアイデアをリストアップしてあります。まずは思いついたアイデアを書き出したわけです。そのままだと何も整理されておらず、これで十分なのか、それぞれのアイデア間の関係性はどうなっているのか、網羅性も論理性も見えづらい状況ですね。そのため、試行錯誤しながら、ロジックツリーにまとめたものが同図の下部です。

　確かに、挙げられた要因仮説のアイデア（仮説アイデア）を論理的にまとめたという意味では、大きな問題はなさそうです。

■ロジカル・シンキングの限界
　一方、先ほどのロジックツリーは「思いついた範囲のアイデアを整理した」結果でしかないことに注目してください。もしかしたら、ここでは思いつけなかった他の仮説があるかもしれないのです。例えば、次のような「顧客側の要因」などもあるかもしれません。

- 顧客の配送要求が厳しすぎた
- 顧客の配送期日が急に変更されて対応できなかった

　そして、これらの当初見逃していた項目が、商品到着が遅れた問題の根本的な要因だったとすれば、この問題は今後も本質的に解決されないままになってしまいます。

　一生懸命、知恵を絞ってアイデアをたくさん出すことや、出したアイデアを論理的に整理することは、「知っていることをまとめた」ことにしかなりません。
　問題解決や企画提案で成果を上げるためには、網羅性の要素をさらに発展させて、「自分が知らない（経験したことのない）」領域まで視野を広げた良い仮説をつくる必要があります。

つまり、アイデアを整理することは重要で必要ですが、それだけで十分とは限らないのです。ある意味「**ロジカル・シンキングの限界**」がここにあります。

　「現状仮説」をつくる場合には、適切な切り口で抜け漏れがないように整理できれば問題はあまりないのですが、一方で「要因仮説」をつくる場合には、それに加えて、より広い範囲で仮説を立てるために視野や思考の領域を広げることがとても重要になります。そのためには、ロジカル・シンキングとは違うアプローチが必要となるのです。

「見えていない」領域まで
視野を広げるためには？

■すごい発想をする人の思考法 ──クリティカル・シンキング

　では、「自分が知らない」領域には、どうすれば到達することができる
のでしょうか。

　皆さんにも、誰かのプレゼンを聞いたときや、仕事ができると言われて
いる人の発想に触れたときに、「どうして、この人はそんなことに気づい
たのだろう？」と、その発想力や着眼点に感心させられたことはないでし
ょうか。

　もちろん、発想力や知識・経験が豊かであったという背景もあるでしょ
うが、そういう人はおそらく単純に自分の知識や人から聞いたことを100
％正しいとは認識せずに、次のような "批判的" な眼を持っているので
す。

- もしかしたら、それは事実ではないのかもしれない
- それ以外にも何かあるはずだ

　ここで、"批判的" という表現について、私は必ずしも「誰かや、何か
を悪い意味で糾弾、批判、批評する」といったネガティブな意味でとらえ
ていません。むしろ、自分の知らない領域に到達するために必須のポジテ
ィブ思考だと考えています。

　この "批判的思考" は、「クリティカル・シンキング」とも呼ばれており、
私は論理的思考を意味する「ロジカル・シンキング」と、図3-18のよう
に明確に区別しています。

図3-18　ロジカル・シンキングとクリティカル・シンキング

ロジカル・シンキング （論理的思考）	物事の関係性や筋道を論理的に考える思考
クリティカル・シンキング （批判的思考）	目の前のものを無批判に受け入れず、疑問や他の可能性についても考えようとする思考

　批判的に見る対象は、必ずしも他者の意見や情報だけでなく、自分自身の思考やアイデアに対しても当てはまります。

　「**自分が理解している内容は、起きている現象の一部の説明でしかない**」といった自己否定（必ずしも悪い意味ではありません）的な要素も含むのです。

■ 思考のロックイン

　私たちは、普段の生活の中で、今日のランチは何にするかに始まり、重要な業務判断に至るまで、様々な判断や意思決定をしています。そして、その多くは「自分の持っている情報」に基づいて決定しているのではないでしょうか。これは、**図3-19**の点線の○で囲まれた部分を指します。

図3-19　既存の情報の範囲を抜け出す

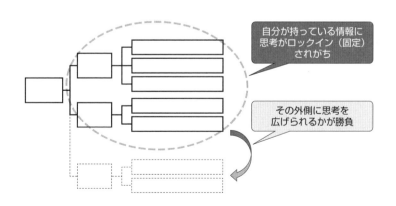

自分が持っている情報に思考がロックイン（固定）されがち

その外側に思考を広げられるかが勝負

この段階で我々の思考は、（既存の情報で示された）範囲に簡単にロックイン（固定）されてしまうため、そこから抜け出すには、自分の思考が限られた範囲に「ロックインされているかもしれない」ことを強く意識する必要があります。

すなわち、私が言いたいのは、次のことだけなのです。

> 「批判的思考を使って、自分の視野や思考をもっと広げることで、より広い仮説を立てるようにしましょう」

ところが、これを意識的にやったことがない人や考え方を習ったことがない人にとっては、「言うは易く行うは難し」ではないでしょうか。

では、具体的にどうすれば、このことを実現できるのでしょうか。そのいくつかのテクニックを以下で紹介します。

テクニック1 カテゴリーアプローチ

■カテゴリーアプローチとは？

　カテゴリーアプローチという名前も私が勝手につけた考え方です。この考え方を理解することで、情報を整理するときにも、そこから思考を広げる上でも強力な武器となるでしょう。

　ここで、カテゴリーとは、グループやクラスターと言い換えても良いと思います。

　出てきたアイデアを、そのまま箇条書きにリストアップするのではなく、何かしらの**カテゴリー（グループ／クラスター）**でまとめながら、構造化していきます。

　慣れてくると、最初から、このカテゴリーアプローチを前提に構造化を進めることができるようになりますが、まずは簡単な事例を使って、順番に、その考え方を追ってみましょう。

　ここでは、113ページの**図3-17**の例で扱った「商品到着が遅れた要因」の要因仮説を、カテゴリーアプローチを使いながら再度考えてみたいと思います。

■①アイデアを出す

　まず、どのような原因が考えられるか、思いついたアイデアを羅列します（このとき、1人で考えるだけではなく、他人のアイデアや知恵も頼りにするのは有効です）。

　思いついた順に、次のようにリストアップしたとします。

- 連絡ミスがあった
- 作業量が多すぎてパンクしていた
- 配送業者が間違えた
- 配送業者のキャパシティを超えていた
- 作業プロセスに問題があった

■②カテゴリーにまとめる

①で挙げたアイデアのリストを眺めながら、これらを何かのカテゴリーにまとめることはできないか、考えてみます。ここで、「まとめる」とは、必ずしも複数のアイデアを同じカテゴリーに括るということだけでなく、複数のカテゴリーで「分ける」ことも含みます。

図3-20では、6つ出したアイデアを3つのカテゴリーに分けていますね。その中の□□カテゴリーには1つしかアイデアが入っていませんが、それ自体は問題ありません。内容によって、いくつのカテゴリーになるかは異なります。

図3-20 「カテゴリーにまとめる」とは？

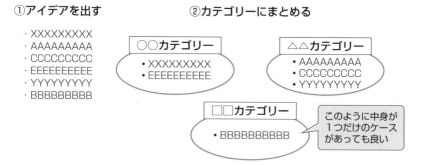

①アイデアを出す
- XXXXXXXXX
- AAAAAAAAA
- CCCCCCCCC
- EEEEEEEEEE
- YYYYYYYYY
- BBBBBBBBB

②カテゴリーにまとめる

○○カテゴリー
- XXXXXXXXX
- EEEEEEEEEE

△△カテゴリー
- AAAAAAAAA
- CCCCCCCCC
- YYYYYYYYY

□□カテゴリー
- BBBBBBBBBB

このように中身が1つだけのケースがあっても良い

図3−21　アイデアをカテゴリーに分ける

＜仮説アイデアを思いついた順に羅列したもの＞

- 連絡ミスがあった
- 作業量が多すぎてパンクしていた
- 配送業者が間違えた
- 配送業者のキャパシティを超えていた
- 作業プロセスに問題があった

カテゴリーに
分けてみると

商品準備のトラブル

- 連絡ミスがあった

発送現場でのトラブル

- 作業量が多すぎて
パンクしていた

配送業者側のトラブル

- 配送業者が間違えた
- 配送業者のキャパシティを超えていた
- 作業プロセスに問題があった

　では、先ほどの「商品到着が遅れた要因」を、この考え方（カテゴリーアプローチ）に当てはめてみると、どうなるでしょうか。

　図3−21のように、とりあえず個々のアイデアを大きな括りでまとめ、全体を俯瞰することができるようになりました。それぞれのカテゴリーに、その中身を表した名前をつけてみましょう。

　ここでは、次の3つのカテゴリーに分かれました。

（A）商品準備のトラブル
（B）発送現場でのトラブル
（C）配送業者側のトラブル

ここで、もし、うまくその名前が浮かばなかったとすると、その原因の1つとしては、そのまとめ方に無理があると言えます。

つまり、(1)まとめた中身同士の共通点がない、あるいは、(2)アイデアを挙げたは良いものの、その中身を十分に理解していない、のいずれかだと思いますので、頭を一度リセットして、まとめ方を見直してみましょう。

■③カテゴリーの関係性を考える

②で分けた3つのカテゴリーを眺めて、カテゴリー同士がどのような関係性にあるのか、考えてみます。

いくつか選択肢はあると思いますが、例えば、時間を軸に考えてみると、（A）と（B）は発送の前段階での問題、（C）は発送の後段階の問題という「プロセス上の前後関係」が見えてくるかもしれません。

となると、これらをさらに上位のカテゴリーを用いて、**図3－22**のようにまとめることができます。

図3－22　もう一段カテゴリーを上げて整理してみる

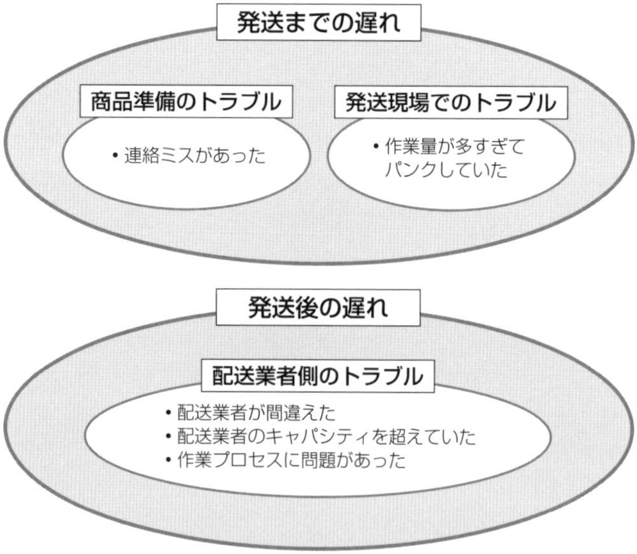

発送までの遅れ

商品準備のトラブル
・連絡ミスがあった

発送現場でのトラブル
・作業量が多すぎて
　パンクしていた

発送後の遅れ

配送業者側のトラブル
・配送業者が間違えた
・配送業者のキャパシティを超えていた
・作業プロセスに問題があった

■④ロジックツリーで構造化する

　このロジックツリーで構造化するタイミングは、いつでも（最初からでも）良いのですが、この例では③のカテゴリーの関係性を考えた後で行うことにします。ちなみに、私は、③と④のプロセスを同時に行いますが、ここでは、プロセスを2つに分けて説明しています。

　ロジックツリーを組み立てるときには、次の点に注意しましょう。

●必ずしもカテゴリーを構造化にすべて組み込む必要はない

　カテゴリー自体は、考え方を整理するための**補足ツール**であり、そのものを必ず構造化にすべて組み込まなくて（記載しなくて）はいけないということはありません。

　例えば、**図3-23**では、「配送業者側のトラブル」というカテゴリーの表記は、「発送の後段階でのトラブル（発送後の遅れ）」と重複するため、記載していません。

図3-23　ロジックツリーに置き換える

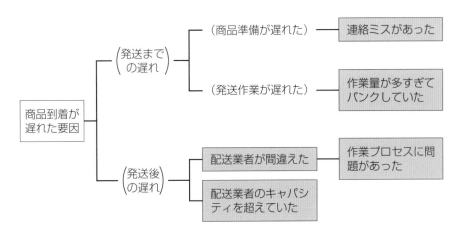

● 仮説アイデアそのものとカテゴリー名を区別できるように表記する

　何がそもそもの仮説アイデアで、何が考え方やグループを整理するための補足情報としてのカテゴリーなのかがロジックツリーの中で、ごちゃ混ぜになってしまうと、誰でも混乱してしまいます。私は自分のやり方として、仮説アイデアは"四角の箱"で、カテゴリーは括弧"（　）"で区別して表記するようにしています。

● 同じ層のカテゴリーの内容のレベルを揃える

　この例では、「発送までの遅れ」と「発送後の遅れ」、そして「商品準備が遅れた」と「発送作業が遅れた」のそれぞれが同じレベルの内容を表しており、その階層を揃えています。

　前者が第2層目、後者が第3層目で、それぞれまとめています。これは、そのほうが全体を俯瞰したときにわかりやすく、より合理的であるためです。ただし、必ずしも、すべてピッタリに合わせる必要はありません。

　先ほどの商品到着が遅れた要因をロジックツリーで整理したものが、前ページの**図3−23**です。これをつくるときに、「作業プロセスに問題があった」というのは「配送業者が間違えた」理由の1つであることを再確認し、図のような構造に置き直しました。このように構造化することで、並列で出てきた様々な仮説アイデアの関係性がすっきり見えてきます。

　繰り返しになりますが、図示した例は、必ずしも「正解」ではありません。むしろ「正解」などは存在しないという認識が重要です。このようなロジックツリーの事例を紹介すると、「私にはこんな"正解"は考えられない」とか、「どうやったら、このような"正解"を思いつくのですか？」といった質問をよく受けます。

　図示した例"も"1つの正解かもしれませんが、ぜひ、皆さんには自分なりの整理の仕方で、**自分なりの正解をつくって**いただきたいのです。先

ほどの例でも、他のカテゴリーによる整理、他の構造のロジックツリーがまだまだできる可能性があると思います。

例えば、**図３-24**のような整理の仕方もあります。

図３-24　他の整理の仕方の例

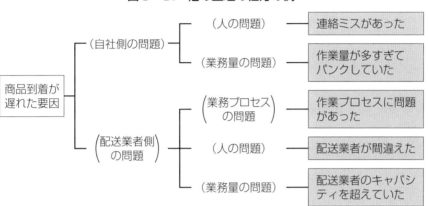

同図の例では、最初のカテゴリーを「会社」軸で分けてみました。１つのカテゴリーに１つの仮説アイデアしか入っていないため、わざわざカテゴリーで整理する必然性は決して高くないように見えますが、それでも個々のアイデアが、どのように整理されているのかが明確になっています。

そして、このように全体が論理的に整理されていることが、このあとの⑤や⑥で紹介する、さらなる仮説の質向上、思考や視野の拡大に大きく貢献するのです。

ここまでは「要因仮説」の事例で説明してきましたが、「現状仮説」をつくるときにも、このカテゴリーアプローチは有効です。実は、「現状仮説」におけるカテゴリーアプローチの考え方については、既に現状の解像度を上げるときに、「適切な切り口」で分解しましょう、という表現で、この考え方を説明しました。

そこの説明では、「売上」を分解する切り口としてよく使われる例を、次のように示しました。

- 店舗ごと（地域の切り口をさらに細分化したもの）
- 売上のタイミング（月や週、日にちや時間帯など）
- お客様の属性（年齢や性別、年収帯や職業、好みなど）
- 商品のタイプ（年式や色、価格帯など商品をさらにグループ分けできる場合）

これらこそ、「店舗を軸としたカテゴリー」「タイミングを軸としたカテゴリー」「お客様を軸としたカテゴリー」「商品を軸としたカテゴリー」と言い換えることができます。

このうち、例えば「店舗を軸としたカテゴリー」の一例として、**図3－25**のような“売上の分解”ができるかもしれません。

図3－25　現状仮説でもカテゴリーアプローチは有効

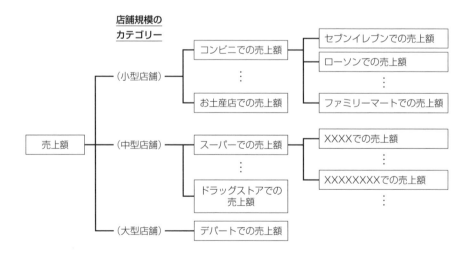

特に、「現状仮説」におけるカテゴリー（＝切り口）を考えるときに私がよく業務で使う一般的な視点は、次のようなものです。もちろん、「要因仮説」をつくるときにも参考にしてみてください。

- **場所のカテゴリー**
  （例：関東地方／東北地方／中部地方／•••、都市／郊外など）
- **組織のカテゴリー**
  （例：人事部／営業部／製造部／•••、新人／中堅／管理職／•••、自社／競合など）
- **物理的なカテゴリー**
  （例：小型／中型／大型など）
- **時間のカテゴリー**
  （例：春／夏／秋／冬、業務プロセス、製造フロー、1日の時間帯、短期／中長期など）
- **属性のカテゴリー**
  （例：子供／若者／中年／年配者、男性／女性、貧困層／中流層／富裕層など）
- **目的のカテゴリー**
  （例：商用／個人用／政府用、国内向け／海外向けなど）
- **方法のカテゴリー**
  （例：デジタル／アナログ、直接／間接、個別／全体など）

■⑤出し切れていないアイデアを追加する

　カテゴリーアプローチにより、自分がどのような基準を用いて（＝重要だと考えて）分解や整理をしたかを明らかにすることは、思考の整理としてとても重要で、効果的だと述べました。

　それだけでなく、カテゴリーアプローチには、もう1つ重要なメリットがあります。それは、カテゴリーという"**枠**"を与えられることで、その枠の中の網羅性を確認しやすくなることです。

例えば、123ページの**図３−23**は、カテゴリーによって最初に挙げた仮説アイデアが整理されています。ただし、どうもアイデアの数としては寂しい感じを受けます。例えば、「商品準備が遅れた」のカテゴリーの中で考えられる要因仮説は本当に「連絡ミスがあった」"だけ"なのだろうか、と"**再度考えるきっかけ**"ができます。

　「"商品準備が遅れた要因"は、他にはないのだろうか？」と自問すれば良いのです。

　その結果、例えば、「製造が遅れた」という要因もあるかもしれないという発想が出てくるかもしれません。実は、ここにカテゴリーアプローチの大事なポイントがあります。

　つまり、「連絡ミスがあった」という仮説は、ゼロからたまたま"思いつく"ことができました。ただし、ゼロベースで思いつける内容や範囲には限界があります。「もうアイデアが出てこない」という思考が行き詰まった状況です。

　そこで、さらに腕を組んで唸りながら考えても、おそらく大した数のアイデアが追加で出てくることはないでしょう。一方で、「『商品準備が遅れ

図３−26　カテゴリーを発想の呼水にする

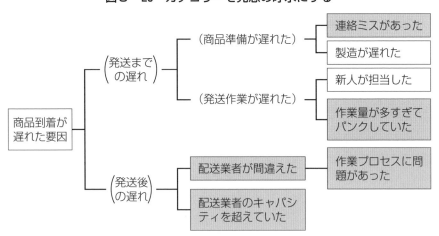

た』という枠の中では他にないのだろうか？」と考える下地や前提条件を与えられると、それが呼水となり、新たなアイデアが発掘されやすくなるのです。これを利用しない手はありませんよね。

　同じように考えると、「発送作業が遅れた」というカテゴリーの中で、「作業量が多すぎてパンクしていた」以外にも、例えば**図3－26**のように、「新人が担当した」からなどという要因仮説も出てくるかもしれません。ひらめきや発想力が必ずしも人並み以上にあるわけではない私は、このカテゴリーアプローチによる発想法に何度も助けられました。

　さらに、**図3－27**のように、この「発送作業が遅れた」というカテゴリーの下にもう一段カテゴリー（同図中では「人の問題」と「作業の問題」）をつくることによって、もっと具体的な要因仮説をつくることができそうな気がします。ぜひ、皆さんのほうで新たな要因仮説（同図中における？？？？部分など）を考えてみてください。

図3－27　カテゴリーをつくるほど発想の下地がつくられる

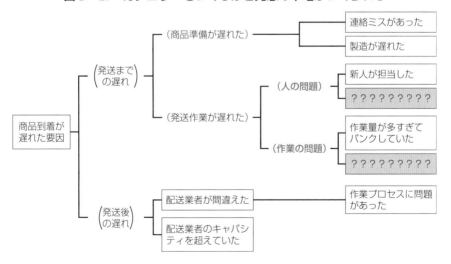

■⑥カテゴリーを軸に思考を広げる

ロジックツリーとカテゴリーの発想を使った仮説づくりでは、前述したように、"自分が見えている範囲"においては整理ができ、さらに、その中における不足を補うことができます。

さらに、"自分が見えていない範囲"へも仮説を広げられるようにするには、どうすれば良いのでしょうか。

これは、117ページの図3－19で紹介した考え方を指すのですが、ここでもカテゴリーアプローチを活用することによって、それをより実現しやすくできるのです。

図3－28の2つのロジックツリーを見てください。

図3－28　カテゴリーを広げることで視野を広げる

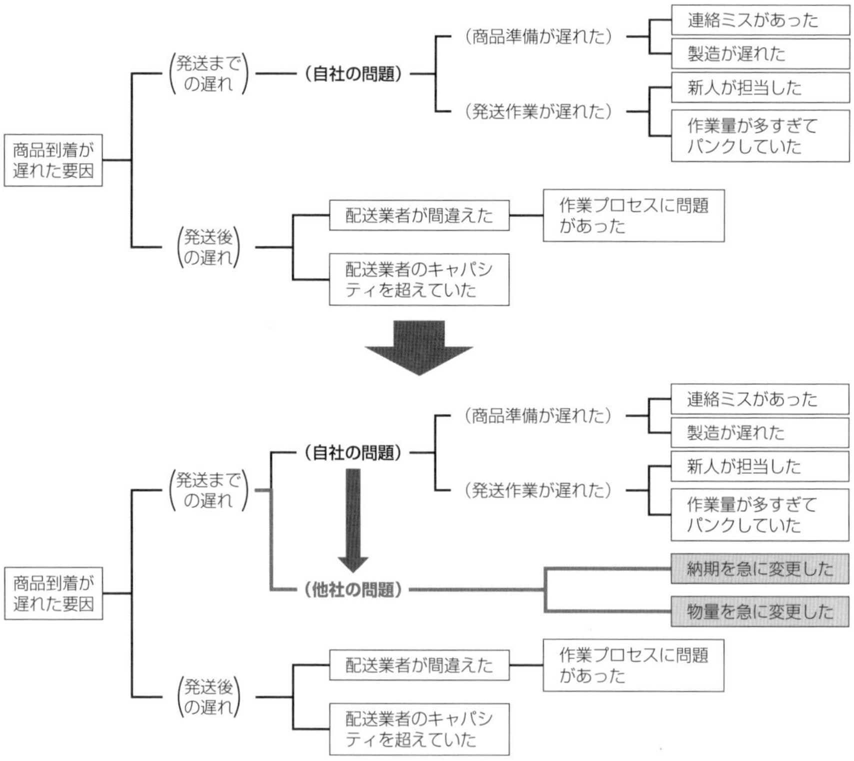

まず、同図上部のロジックツリーのように、「商品準備が遅れた」と「発送作業が遅れた」というカテゴリーをまとめ、この２つのカテゴリーの共通点として「自社の問題」というカテゴリーを新たにつくりました。

　そこで、「自社の問題」があるのであれば、「他社の問題」があっても（他社の問題そのものを直接聞いたり、情報を得たりしたわけではないものの、理論的には）おかしくないはず、と考えます。

　したがって、“理論的に”あり得る要因仮説をつくる意味で、「他社の問題」というカテゴリーを、「自社の問題」というカテゴリーの下に強引につくってしまうのです（同図下部を参照）。

　前で述べたとおり、人は“枠（カテゴリー）”を与えられると、それが呼水となって、その中のアイデアが出しやすいのです。「他社の問題が理由だとすると……」と考えてみると、例えば「お客様が納期を急に変更したからかもしれない」とか「発注の物量が急に変わったので対応しきれなかったのかもしれない」という発案につながるわけです。

　ここでの目的は、「正しい仮説」や「真実を反映した仮説」を選択的に出そうということではありません。「自分がパッと思いつける仮説なんて高が知れている」という前提で、“思いつく”以外の方法で、もっと多くの可能性を引き出そうということが目的なのです。

　したがって、カテゴリーを広げることで、新たな“枠”をつくり、その中の新たな仮説アイデアをつくり出していこうとすればいいのです。

　ここまで説明してきたカテゴリーアプローチを使うことの２つの大きなメリットを整理して、確認しておきたいと思います。

　図３－29では、最初に、５つの仮説アイデアが出されていたとします。「もっと他にはないの？」とか「これで本当に全部？」などと詰め寄られると、“次の１個”が実は、なかなか出てきません。理由は簡単で、「既に

思いついた具体的なアイデアは（本人としては）出し尽くした」からです。この状態で、もう1個 "仮説アイデアを思いつく" のは、とてもハードルが高いのです。

図3−29　なぜ、カテゴリーアプローチを使うと良いのか？

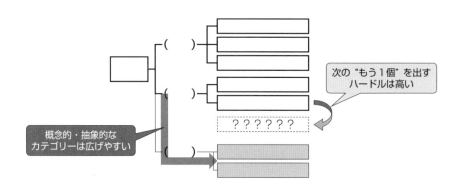

ところが、カテゴリーは、これら具体的なアイデアをまとめたものなので、抽象度が高いのです。**人は具体的なアイデアをもう1つ思いつくよりも、より抽象的な概念をもう1つ増やすほうがやりやすいのです。** よりハードルの低い「カテゴリーをもう1つ増やす」というアプローチを取り、その新たなカテゴリーを呼水として新たなアイデア発掘につなげると、うまくいくことが多いです。

そして、もう1つのメリットは、より上位の概念的なカテゴリーでロジックツリー全体の抜け漏れを防ぐことができるということです。

図3−30のとおり、カテゴリーのレベルで抜け漏れがないように注意しておけば、そのカテゴリーにつながる仮説アイデアが大きく漏れてしまうリスクが減ります。

図3−30　カテゴリーの抜け漏れをチェックしておこう

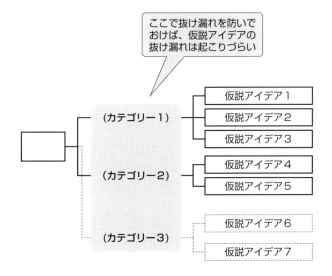

つまり、同図のカテゴリー3が抜けてしまうと、仮説アイデア6と7が
ごっそり抜け落ちてしまいます（さらに網羅性が欠け落ちている事実にも
気づきにくいのです）。

個々の仮説アイデアが抜けているかどうかを確認する、もしくは気づく
代わりに、カテゴリーが抜け漏れていないかを確認するほうが、よほど簡
単です。それは、抽象的だからです。

したがって、カテゴリーのレベルで抜け漏れがないことを確認すること
で、アイデア（同図の例では、仮説アイデア6と7）の抜け漏れが起こる
ことを防ぐ効果があります。

テクニック2 自己否定

■ 自己否定とは？

「自己否定」という言葉を聞くと、ネガティブな印象を持つ方が多いだろうと思いますが、仮説づくりでは、この発想をポジティブなテクニックとして使っていきたいと思います。

この「自己否定」というテクニックは、「自分が思ったことがすべて正しいとは限らない。きっと自分には見えていない他のことがあるはずだ」という前提があり、その発想を積極的に活用しようとするものです。

それでは、この自己否定を、要因仮説作成の一部に使った例で説明してみましょう。

■ 自己否定の手順

例えば、次ページの**図3－31**のような要因仮説をつくったとします。

皆さんが、同図中の点線で囲まれた部分の2つの要因（仮説アイデア）で十分なのか悩んでいるとします。さらに、他にも可能性のある仮説アイデアがあるかもしれないので、「自己否定」というテクニックによって、他のアイデアにつなげてみたいと思います。

まず、既に挙げている「時間に追われていたから」という仮説アイデアを否定します。つまり、「もし、**その日は顧客からの問い合わせ件数は少なく、時間に十分余裕があった（それでも顧客対応の問題でクレームが増えた）としたら**」、何が問題なのかを考えます。

図3−31　自己否定によって仮説アイデアを増やす

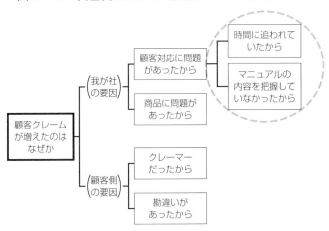

　「時間には問題がなかった」というように、「時間に追われていたから」とは逆の前提に置くことで、考える範囲を"時間以外"に向けさせるわけです。

　同様に、「マニュアルの内容を把握していなかったから」という仮説アイデアについても、もし「担当者は全員マニュアルの内容には精通していた（にもかかわらず、顧客対応に問題が生じてクレームが増えた）」とすると、何が他に原因として考えられるだろう、と条件を絞ることによって、新たに考える道筋を提示していくことができるのです。

　何も拠り所がないところで、「他にはないの？」と言われても、なかなかアイデアを捻り出すことは難しいですが、何か限定的な条件や前提を与えられると、これが次のアイデアや発想の呼水となることを、ここでも利用するのです。

　では、「時間にも余裕があり」、また「マニュアルを熟知」していても、顧客対応の面でクレームが増えてしまったとすると、一体、どんな要因が思い浮かぶでしょうか。

例えば、**図３−32**のアイデアは、どうでしょうか？

図３−32　自己否定による新たな仮説アイデア

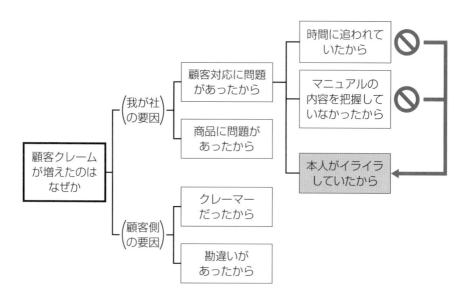

　時間があって、マニュアルを熟知していても、本人が何かしらの理由で、その日はイライラしており、トゲトゲしく顧客対応をしてしまっていたとしたら、クレームが増えても不思議ではありませんね。「それは実際にはないだろう……」と自分の主観でアイデアを潰さないようにしてください。

　仮説ですから、それが事実だったかどうかは、問題ではありません。仮説づくりは、可能性のアイデアを増やすことが目的でしたよね。

　では、もし、「本人がイライラしていたから」という仮説アイデアも自己否定してみると、４つ目の新しい仮説アイデアは何か出てきそうでしょうか？

つまり、「もし、時間やマニュアルに問題がなく、さらに誰もイライラ
している人はいなかったら（それでも顧客対応の面でクレームが増える理
由）？」を考えてみるのです。

　例えば、「土日の対応受付をやめたから」などがあるかもしれませんね（受
付をやめたことが事実であれば）。他にも、「マニュアルの内容に不備があ
ったから」などもあるかもしれません。

　このように、一度挙げたアイデアを自己否定することで、次の一手を出
しやすくすることができます。人は自分が挙げたアイデアに固執しがちで
すが、そこをあえて“意図的に”否定することは、さらに良い結果につな
がるという単純ではあるものの、強力な発想法なのです。

テクニック３ ペアコンセプト

■ペアコンセプトとは？

「ペアコンセプト」は、セミナーや研修で紹介すると、常に大変評判の高いテクニックです。特に「要因仮説」を効果的に導きたいときに有効です。

ここで、「ペア」とは、「一対の」という意味で使っています。「一対」が示す内容（仮説アイデア）には、"同類の"や"相反する"がありますが、どちらのケースもあり得ます。これだけだと何のことかよくわからないと思いますので、あとで紹介する具体例と事例を通じて理解してください。

前で説明した「カテゴリーアプローチ」と考え方は同じなのですが、カテゴリーのつくり方を、このシンプルな「ペア」という **"型に当てはめる"** ことによって、より実践しやすくなります。

私がよくペアの「カテゴリー」として使う具体例を、いくつか紹介しましょう。

● 「我が社」 vs 「競合」

　我が社の要因があれば、その"対"として競合の要因があるはずだ、という発想。

- 「やり方」vs「やる気」

   方法論の要因か、その方法論を扱う人のマインドの要因か、この
   いずれかが抜け落ちた方策が、世の中にはたくさんあります。それ
   だと、結果が出ません。

- 「商品やサービス」vs「売り方」

   中身が問題か売り方が問題か、その両方か。

　なぜ、このペアコンセプトが有効かと言うと、このペアとなる片方だけ
が要因として挙げられ、対策や方策が打たれているものの、もう一方が見
落とされているために対策や方策が打てず、十分な効果が出ていないとい
う現象をよく目にするからです。

　それは、その対策や方策の中身の問題ではなく、そもそも要因が十分に
認識されていないことが原因であることに当事者が全く気づいていない可
能性があります。

　ペアコンセプトやカテゴリーアプローチは、その「見落とし」をできる
だけ防ぐことに有効なテクニックであると言えます。また、カテゴリーア
プローチも、最初はなかなかゼロベースで適切な組み合わせを思いつくの
は難しいと感じる人が多いのも事実です。

　そこで、思考の取っ掛かりとして、このペアコンセプトを応用すると、
カテゴリーをつくる発想の呼水となり得ます。

　ただ、ペアとなる具体的な組み合わせを10も20も覚えて、その都度、そ
こから当てはまるものを選ぶというのもあまり現実的とは言えません。

　そこで、私がセミナーなどで「まずは、これを覚えておくと良い」と紹
介している「**よく使うペアコンセプトの一般型**」とも言えるものが、次ペ
ージの図3−33です。

図3−33　汎用的に使えるペアコンセプトの一般型

ペアコンセプト活用のための頻出キーワード（参考）

- ・ない
- ・ある（のに、できない）

- ・個人
- ・組織（制度、環境、評価）

- ・質
- ・量

- ・方法論
- ・意識

　同図の４つのペアコンセプトを実際に使う際には、これらの表現をそのまま使うのではなく、各ケースに合わせた具体的な表現に置き換えると良いと思いますが、この４つの組み合わせ（ペアコンセプト）だけを概念として覚えておくことで、様々なケースでかなり汎用的に使うことができます。

　カテゴリーのペアをつくる場合だけでなく、仮説アイデアにもペアの概念を当てはめることで、仮説を増やすこともできます。

①「ない」vs「ある」
　「XXXXがないから」に対して「XXXはあるのに、うまくできていない」など。

②「個人」vs「組織」
　「マネージャの力量の問題」に対して「組織の文化の問題」や、「担当者の能力が足りていない」に対して「評価制度によるモチベーション低下」など。

③ 「質」vs「量」

　「作業者の効率が低い」に対して「さばかなければならない仕事量が多い」など。製造やプロセスなど、様々な"オペレーション"の問題に、私はよく使います。

④ 「方法論」vs「意識」

　「やり方が問題」に対して「やる気がない」など。方法論だけに着目して、意識の観点を失うと、「マニュアルをつくろう」といった方策が出てきがちですが、皆さんの職場でも心当たりはありませんか？

　ここまでの説明だと、まだ概念的で曖昧になっている人もいるかと思います。それでも、大丈夫です。以下の事例を通して、その使い方や考え方の理解を深めることができます。

　では、これまで紹介したテクニックを使って仮説の思考を広げていく事例を紹介しましょう。

　この事例では、自分が担当する商品Aの売上が下がってきた要因仮説をつくり上げていきます。

　まず、何もないところで、「売れないのは、なぜでしょう？」と商品のメーカーの方などに考えてもらうと、真っ先に出てくるのは、自社の商品に関する要因です。いつも自分たちが身近に扱っているので、その仮説が最初に出てくることは自然な流れです。

　例えば、次ページの図3－34のように、4つの要因仮説（仮説アイデア）が挙がったとしましょう。いずれも、確かに要因として可能性はありそうですね。

図3-34　商品が売れない要因（仮説アイデア）の羅列

価格が高いから

デザインが良くないから

使い勝手が良くないから

機能が少ないから

■ ペアコンセプトの活用法

　では、ここから、どのように仮説の思考を広げて、もっと多くの仮説を引き出せば良いのでしょうか。

　ここで挙がった４つの要因仮説（仮説アイデア）は、いずれも商品に関するものであるため、それらのカテゴリーを「**商品の要因**」としてまとめます。**図３-35**のように、この「商品の要因」に対して"対（ペア）"になり得るカテゴリーとして、「**売り方の要因**」をつくりました。具体的な仮説アイデアを無理に増やすよりも、抽象度を一段上げて横に広げるほう

図３-35　ペアコンセプトで枠を広げる

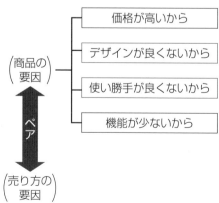

がやりやすいということでしたね。

この「売り方の要因」の具体例としては、どのようなものが思いつくでしょうか。

自分たちの営業チームを想像して、「彼らは適切な方法で顧客対応できていない」や「そもそも、商品のことを十分に理解していない」という仮説アイデアなどが出てきそうです。

これらを「売り方の要因」の下に直接つなげることも良いのですが、ここで先に紹介した４組のペアの一般型の中の１つ、「**方法論 vs 意識**」を使ってみましょう。その例を図示したものが、**図３－36**です。

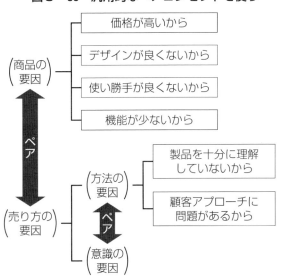

図３－36　汎用的なペアコンセプトを使う

ここでは「**方法の要因**」と「**意識の要因**」の対になるカテゴリーをペアで並べてみました。すると、先ほどパッと思いついた「顧客対応の問題」や「商品理解の問題」は「方法の要因」について述べていることに気がつきます。

ところが、一般的に"やるべきことができていない"という問題には、やり方がわかっていないだけでなく、それを行う人の意識やスキルの問題も潜んでいることが多いものです。それを「意識の要因」というカテゴリーをある意味強引につくってしまうことで、強制的に、そのカテゴリーに属する具体的な仮説についても考えるようになるのです。

　では、「意識の要因」の中身は、どのようなものが考えられるでしょうか。

　ここでは、「積極性が足りない」という要因仮説を挙げてみました（もちろん、それ以外にたくさん出せるに越したことはありません）。さらに、"なぜなぜ"で深掘りして、「なぜ、積極性が足りないのか」の要因仮説（仮説アイデア）についても2つ挙げました。その際に、「**本人の要因**」と「**本人以外の要因**」という対になるペアでカテゴリーを一度つくって、その中身を考えてみました。このように、「XX」と「XX以外」というカテゴリ

図3−37　ペアコンセプトを活用しながら"なぜなぜ"で掘り下げる

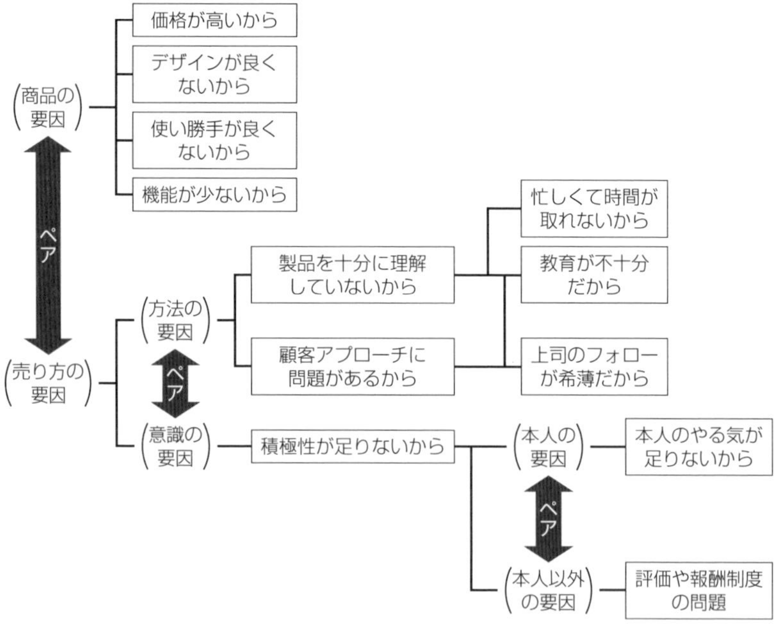

一のペアをつくることで、考える範囲の抜け漏れを減らすこともできます。

　最初に挙がった4つの仮説アイデアから見れば、大きく発想を広げて、かなり多くの仮説アイデアを追加することができました。

　ここまでは、左から右に"深掘り"の方向で考えてきましたが、今度はその逆の向きにも目を向けてみましょう。つまり、このツリーの一番左側に着目します。すると、一番左には「商品の要因」と「売り方の要因」が並んでいます。この2つの共通項は、何でしょうか？

　いずれも「我が社」のことを述べていますよね。であれば、そのカテゴリーでまとめてみるのも一手です。

　その上で、ペアとなるカテゴリーは他にないのか、考えてみましょう。

　ここでは「**我が社の要因**」、つまり「社内の要因」に対して対の位置づけとなる「**社外の要因**」をペアのカテゴリーとして挙げてみました。「社内」と「社外」ですので、この組み合わせにおける抜け漏れは理論上、防ぐこ

図3-38　ツリーを（抽象度が高い）左側から拡大していく

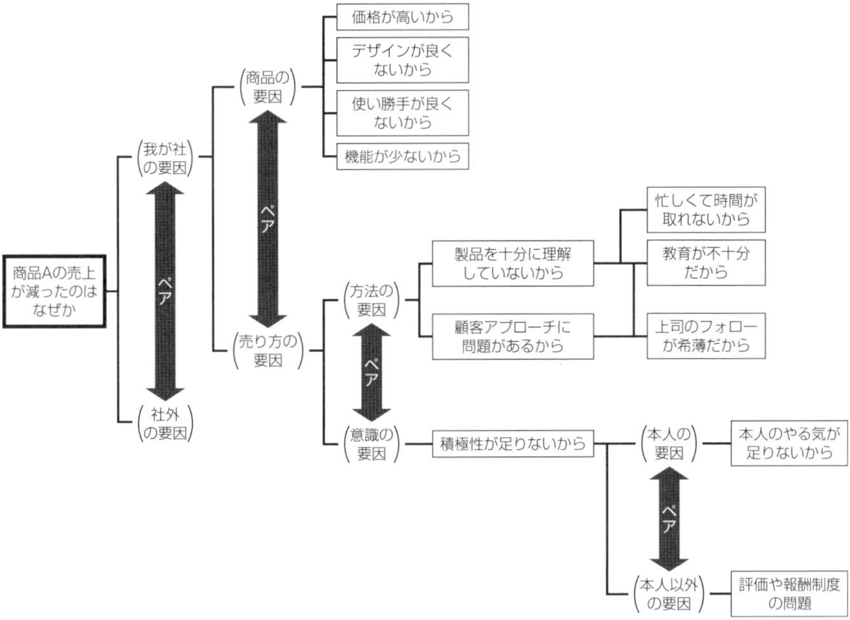

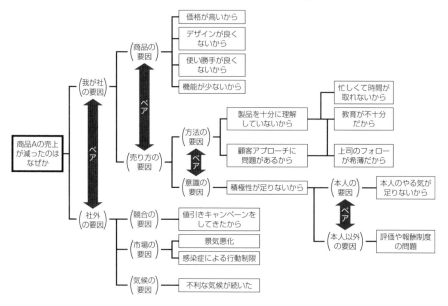

図３－39　ロジックツリーの完成

とができます。

　最後は、この「社外の要因」カテゴリーの中身を深掘りしていきます。

　いかがでしょう。最初に挙がった４つの仮説アイデアから、どんどん広がっていきましたね。そして、最終的には、16のアイデアにまで広がりました。

　もちろん、これを、さらに"なぜなぜ"で深掘りしていくことはできますし、これとは違ったペアやカテゴリーで対応することも十分可能です。ここで紹介した内容や進め方は、シンプルな例の１つとして参考にしてみてください。

　ぜひ、皆さんご自身が、これとは違ったアプローチで構造化をあれこれ試してみてください。さらなるスキルアップにつながるはずです。

第 **4** 章

仮説をつくる実践ケース

ケースで「仮説づくり」の実践力を高める

　本章では、皆さんの仮説づくり（仮説立案）の実践力を高めることを目的に、ロジックツリーを応用した、いくつかの具体的な仮説づくりのケース（事例）を紹介および解説していきたいと思います。

　ここでは、第3章で紹介したロジックツリーおよび様々なテクニックを応用して、問題解決あるいは企画立案プロセスのSTEP2またはSTEP3でつくる現状仮説と要因仮説をつくるケースに絞ります（STEP1のストーリー仮説やSTEP4の結論をつくるケースは含みません）。

　ただし、前章までに何度も述べたように、本章で紹介するケースにおいて立案した仮説は、必ずしも「正解」あるいは「最も良い仮説の例」であるわけではありません。

　もっと時間とスペースを割けば、さらに良い仮説ができる可能性はありますし、違うアプローチを取れば、さらに違う姿の仮説になる可能性も十分あります。あくまで、限られた紙面の中で紹介する一例という位置づけで、読んでいただきたいと思います。

　また、それぞれのケースをそのまま読み進めるのではなく、それぞれのケースについて、皆さんご自身であれば、どのようにアプローチするか考えてみてください。そのとき、可能であれば、紙とペンを準備していただき、自分の考えを構造化してから事例を読んでいただくと、スキルアップにつながると思いますので、ぜひチャレンジしてみましょう。

ケース1 パソコンが起動しない

■ "思いつき"を"整理"する

目の前にあるパソコンの電源スイッチを押したけれども何も反応しない、といった問題を解決したいというシンプルなケースです。このケースはやや特殊で、「問題の所在＝要因」と言えるため、「現状仮説」＝「要因仮説」としてとらえることにしました。

まず、何のテクニックも使わずに、"思いつき（仮説アイデア）"でよく挙がってくる仮説アイデアは、次のようなものです。

- パソコン本体が壊れている
- バッテリーが切れている
- どこかが断線している
- 電源が供給されていない

こうした"思いつき"をロジックツリーで一度整理してみたものが、次ページの**図4－1**です。

同図の例では、まずは最初に挙がっていた仮説アイデア（思いつき）を、「パソコンの問題」と「電源供給の問題」という2つのカテゴリーで整理しました（ロジックツリーの左上部分を参照）。全体を俯瞰して把握し、抜け漏れをなくすために、このように抽象度の高いカテゴリーで整理することは、仮説づくりの最初の一歩として重要です。

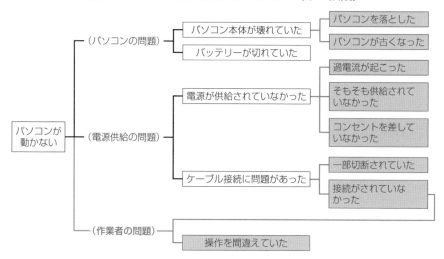

図4-1　ケース1のロジックツリー（第1段階）

　このケースの場合、パソコンが動かなくなっている状況をイメージすると、「パソコンの問題」、そして「電源供給の問題」と併せて、そこにいる作業者も浮かんでくるでしょう。そこで、「作業者の問題」というカテゴリーを追加することにしました。

■ "なぜなぜ"で深掘りする

　さらに、"なぜなぜ（なぜなぜ分析）"で、それぞれの要因を深掘りして、その右側に追加した部分（仮説）をグレーで示しました。

　このケースでは、ケーブルが「接続されていなかった」の右から線が出て、作業者の問題の「操作を間違えていた」につながっているのは、操作ミスが要因になると考えたためです。

　ただし、これらの複雑な因果関係（特に関係性があちこちに循環するような場合）をすべて、ロジックツリーの中で正確に明らかにする必要はありません。

　仮説づくりでやるべきことは、あくまで仮説アイデアを出すことであり、アイデア同士の関係性を正確に表記することではないからです。

もちろん、論理性を高めることを目指せば、その関係性をできるだけ正確に表現すること自体は間違いではありませんが、そうした正確な表現を必要以上に追求して悩み続けてしまう人も多いのです。

　仮説づくりの究極の目的は（できるだけ論理性を維持しながらも）仮説アイデアを多く出し切ることであることを考えると、ツリーのどこかにその仮説アイデアが出てさえいれば、他との関係性に一部抜けや間違いがあっても、そのこと自体は大きな問題にはなりません。

■より多くの仮説アイデアを抽出する

　では、図4－1のロジックツリーを"さらに"進化させ、より多くの仮説アイデアを抽出するには皆さんなら、どうされますか？

図4－2　ケース1のロジックツリー（第2段階）

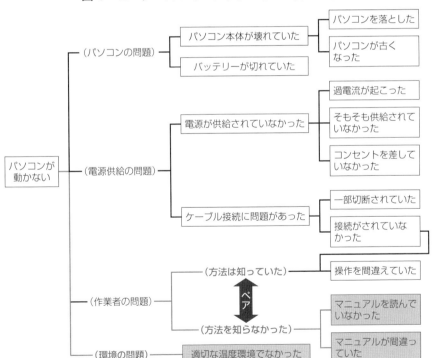

前ページの**図４－２**のグレー部分をご覧ください。第１段目のカテゴリーの「パソコンの問題」「電源供給の問題」「作業者の問題」に続き、作業場の「環境の問題」についてもカテゴリーとして追加しました。

　可能性としては極めて現実的に起こりにくいとは思いますが、極端に寒すぎたり暑すぎたりする環境では、パソコンの動作が保証されていないので、論理的な可能性としてはゼロではありません。

　また、作業者の問題についても、その作業者が「方法を知っているか否か」でカテゴリー分けをし、それぞれの要因について考えることによって、さらに仮説アイデアを追加することができました。

　これらを、さらに"なぜなぜ"で深掘りしたり、各カテゴリー内の仮説アイデアの数をもっと増やしたりすることも可能かもしれませんので、ぜひ考えてみてください。

家庭用プリンターの売上が減少した

■業界知識で売上を分解する ──一般的な現状仮説

　「売上減少」の問題については、既に何度か事例を取り上げましたが、売上に関する定番の問題解決のケースでもあるため、本ケースでは、これまでに紹介したテクニックも積極的に使って再度考えてみましょう。

　ひと言で「売上減少」と言っても、その中身は様々で、解像度を上げずに要因仮説をつくろうとすると「現状把握がまだ漠然としているために」かなり広範囲で、的を絞りきれない状況に陥りやすくなります。

　家庭用プリンターのビジネスや市場の業界知識があれば、売上をどのような切り口で分解して現状把握すべきかの想定はできるはずです。一般的な現状仮説の候補として、例えば、**図4-3**に示したような切り口が挙げられるでしょうか。

図4-3　一般的な売上の分解例（現状仮説）

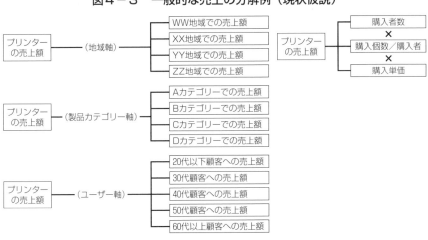

もちろん、製品カテゴリーに分けた後に、それに続く形でユーザーの年齢ごとに分けるといった、さらなる細分化も選択肢としてはあります。

　家庭用プリンターとはケースが異なりますが、より消費財に近い製品や継続して使われるサービス（サブスクライブサービスなど）の場合には、同じ「売上」の分解であっても、前ページの**図4－3**の切り口とは違う視点で考えることができます。例えば、**図4－4**のような切り口です。

図4－4　売上を分解する他の切り口（現状仮説）

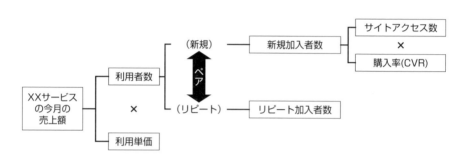

　この場合、売上を構成する要素をビジネス視点で分解しています。例えば、同じ売上であっても、新規の加入者によるものと、リピートによるものとでは、売上の性質が違うので、それらを区別して現状認識しておこうという発想です。

　マーケティングなどで使われる様々なフレームワーク（例：4P、3C、間口と奥行きなど）を適切に使うことで、切り口の選択肢が引き出しやすくなり、説明した相手の理解や納得も得やすくなるというメリットがあります。ただし、くれぐれも既存のフレームワークに思考を必要以上に引きずられないように注意する必要があります。

■売上減少の要因仮説をつくる

　さて、ここからは家庭用プリンターの売上減少のケースにおける「要因

仮説」をつくる場面に戻ります。ここまで説明してきたように、本来は前段階であるSTEP 2で売上減少の解像度をより上げた現状把握ができた上で、それをもとに具体的な要因を考えるべきではあります。

　本ケースでは、あえて、そのプロセス（STEP 2）をスキップして、一般的な売上減少をテーマに仮説の思考を広げる実践例を紹介します。

　既に説明したとおり、自社製品の売上減少の原因を担当者に聞くと、その製品のネガティブな要因仮説が並ぶことがよく見られます。例えば、次のようなものです。

- 商品のデザインが魅力的でない
- 使い勝手が良くない
- 価格が高い
- ネーミングが良くない　など

　これらの要因仮説（仮説アイデア）は、今回のケースの家庭用プリンターにも当てはまるでしょう。では、これらの仮説アイデアを出発点に、皆さんは、どのように"整理し""広げて"いくでしょうか。

　次ページの**図4-5**は、先ほど列挙した仮説アイデアをもとに、それらをカテゴリーで整理し、各カテゴリーの中に入ると思われる仮説アイデアを追加（同図中のグレー部分）したロジックツリーです。

　最初のアイデアは、「製品の要因」のカテゴリーと「売り方の要因」のカテゴリーにまとめられます。これらも1つの"ペア"の関係性と言えるかもしれません。

　一方で、この2つのカテゴリーは「自社の要因」のことしか網羅していないことから、さらに一段カテゴリーの抽象度を上げ（=「製品の要因」と「売り方の要因」をまとめた）、「自社の要因」というカテゴリーをつくりました。

図4-5　ケース2のロジックツリー（第1段階）

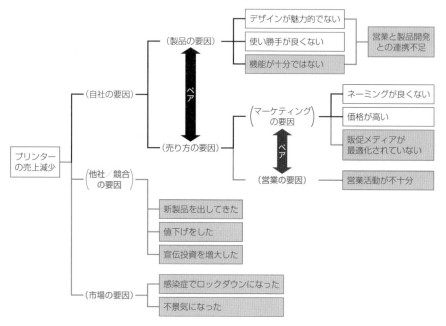

　これに伴って、「自社の要因」に並ぶカテゴリーとして「他社／競合の要因」と「市場の要因」を追加してみました。

　また、「売り方の要因」というカテゴリーも、まだ漠然としている感じがしたので、「マーケティングの要因」と「営業の要因」というペアによるカテゴリーにまとめました。

　すると、最初に挙がっていた価格やネーミングに関する仮説アイデアは、あくまで「マーケティングの要因」のカテゴリーの話だけであって、売り手の問題、すなわち「営業の要因」に関する要因仮説（仮説アイデア）が全く挙がっていなかったことに気づくことができました。

　他の実践的なポイントとして、右上の「デザインが魅力的でない」と「機能が十分ではない」という仮説アイデアの"なぜなぜ"の深掘りとして「営業と製品開発との連携不足」という仮説アイデアを挙げました。

この仮説アイデア（要因）は、その上位にある２つの仮説アイデア（デザインと機能の要因）に共通のものとして、両者からつながっていることに着目してください。

　こう促すと、セミナーや研修などで「このように、複数の箱（仮説アイデア）から１つの要因（共通の仮説アイデア）につながっていても良いのですか？」といった質問がよく出ます。

　その答えは「もちろん、ＯＫ」で、１つの要因が、複数の問題を引き起こしているということは一般的にもあり得ます。また、このような場合、こうした１つの共通の要因を解決するだけで、それが引き起こしている複数の問題を一遍に解決できるという大きなメリットがあるので、この共通の要因は重要なポイントと言えます。

　この要因仮説をつくるための思考を、さらに広げるには、どのような工夫をすればいいのでしょうか。

図４−６　ケース２のロジックツリー（第２段階）

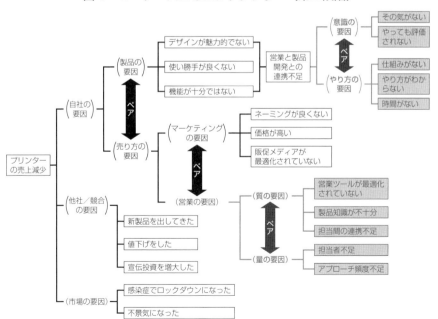

前ページの**図4−6**に示したロジックツリーのグレー部分は追加したところです。同図のロジックツリーの上部にある「営業と製品開発との連携不足」という仮説アイデア（要因）は、“XXXをやるべきだが、できていない”問題に私がいつも使っている「意識vs方法論」のペアコンセプトを使ってみました。

　また、「営業の要因」というカテゴリーの中身をもう少し具体化するために、一般的なオペレーションの問題に私がよく使う「質vs量」のペアコンセプトを当てはめて深掘りしてみました。

　本ケースでは、紙面の都合上、ここまでにしておきますが、工夫次第でまだまだ仮説の思考を広げることができそうですね。

ケース3 町の人口減少が著しい

■ どの地方自治体でも共通して発生する深刻な問題

この人口減少の問題は、コンサルタントとして、主に地方自治体のサポートに入ると、どこでも共通的に出てくる深刻な問題の1つです。本ケースでは、「要因仮説」のつくり方に絞って説明していきましょう。

町の担当者から人口減少の要因に関する"よく出てくる意見（思いつき）"、すなわち仮説アイデア（要因仮説の候補）は、次のとおりです。

- 魅力的な観光地が少ない
- 若い人が進学で出ていって、帰ってこない
- 若い人が少ないので、出生数が少ない
- 交通の便が良くないので、移住者が少ない
- 大きな産業や企業が存在しない

■ 思いつきを整理して、仮説として広げる

では、皆さんなら、こうした"よく出てくる意見（思いつき、仮説アイデア）"を、どのように整理し、どのように広げていくでしょうか。

次ページの**図4-7**は、先に挙げた人口減少の要因に関する仮説アイデアを整理したものです。ここで注目してほしいことは、こうした町の担当者の思いつきである仮説アイデアには、町に住んでいる内部の人から見た要素と、町の外から町を見たときの要素が混在している点です。

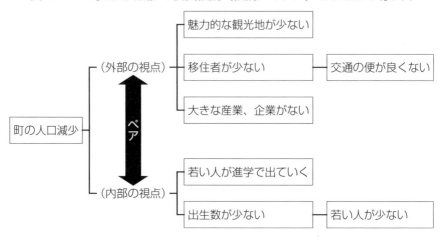

図4−7　町の人口減少の要因仮説（仮説アイデア）をまとめる切り口

　町の人口減少という問題をとらえたときに、町の内外両方に様々な要因があり、それぞれの要因に対して、しっかりとした対策が必要なはずだ、という認識を持って、図中の仮説アイデアを「クリティカル・シンキング」的に眺めてみました。

　その結果、他にも「外部の視点」「内部の視点」というカテゴリーで、いくつも要因仮説（仮説アイデア）が出せそうな気がしてきましたね。

　さらに、思いつきの意見には、要因を最初から絞って（決めつけて）出されるものも少なくありません。例えば、本ケースでは、「若い人が少ないので、出生数が少ない」と「交通の便が良くないので、移住者が少ない」の2つの仮説アイデア（思いつき）が当てはまります。

　前者であれば、「出生数が少ない」というのは、確かに人口減少の大きな要因の1つだと思いますが、「出生数が少ない」要因は決して「若い人が少ない」"だけ"ではないでしょう。

　しかし、これを唯一の要因と決めつけて、そのまま「若い人が少ないので、出生数が少ない」と受け取ってしまうと、「出生数が少ない」他の要因に思考が回らなくなるリスクがあります。

そこで、「クリティカル・シンキング」によって、出てきた仮説アイデアを一旦、批判的に見る必要があります。つまり、次のように、仮説アイデアをチェックします。

> 「出てきた要因（仮説アイデア）の要因が決めつけられていないか、思考が最初から狭められていないか」

同様に、本ケースでは、「移住者が少ない」要因の仮説アイデアとして、「交通の便が良くない」だけではなく、もっと広く出せる余地をつくるためにも、「移住者が少ない」と「交通の便が良くない」を分離することにしました。具体的には、「移住者が少ない」要因のカテゴリーとして「行政の要因」「産業の要因」「町の魅力の要因」を追加しました。

その上で、それらのカテゴリーにぶら下がる他の要因（仮説アイデア）を加えたロジックツリーが**図4-8**です。図中のグレー部分は追加・修正部分を示しています。

図4-8　ケース3のロジックツリー（第1段階）

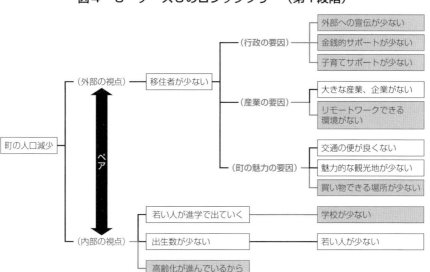

「外部の視点」につながる部分を大きく修正しました。「大きな産業、企業がない」や「交通の便が良くない」といったものも、よく考えてみると結局、外部からの「移住者が少ない」ことの要因と言えると考えたためです。

それらを整理するために、「行政の要因」「産業の要因」「町の魅力の要因」というカテゴリーで整理してみました。その中で足りないと思われる仮説アイデアを、それぞれのカテゴリーの枠の中で考えて追加しました。

やはり、カテゴリーで整理する効果を、仮説づくりのための構造化を実践しながら痛感します。

ここまででも概ね町の人口減少の要因を押さえられていると思いますが、もう少し深掘りしてみると、どうなるでしょうか。

図4-9　ケース3のロジックツリー（第2段階）

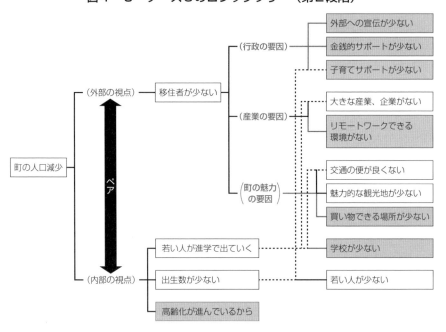

まだまだ仮説アイデア自体を追加することはできそうな気もしますが、ここでは視点を変えて、今挙がっている仮説アイデア同士の関係性をもう一度見直すことにしました。

　今挙がっている仮説アイデアには、厳密に「外部の視点」と「内部の視点」を区別できないものもあるかもしれません。もしくは両方の視点に関係していると思われる要因もあるでしょう。

　例えば、「若い人が進学で出ていく」のは、何も「学校が少ない」だけが理由だとも思えません。他の仮説アイデアを眺めてみると、「交通の便が良くない」ために隣町の学校までは簡単に行けない、ということもあるかもしれませんし、「大きな産業や企業」で働きたいと考える人は、その町では就職先がないわけです。

　となると、図4－9の点線で示したように、既に外部の視点のカテゴリーで挙がっていた、いくつかの要因とも結びつけられることが確認できます。同様に、「出生数が少ない」要因として、「子育てサポートが少ない」ともつながるでしょう。

　ただ、ここでの目的は、厳密にすべての関係性を明らかにすることではありません。それよりも、ある要因（仮説アイデア）が複数の上位要因と結びついているほど、その要因を解決する重要性は高いことを意味し、そのような要因を特定できることに価値があります。その重要な要因がどこにあるのかを自分なりに目星をつけておくことは、あとの方策、すなわち結論を作成するときに役に立つからです。

　本ケースでは、先に挙げた「子育てサポートが少ない」「大きな産業・企業がない」「交通の便が良くない」の3つの要因（仮説アイデア）が、それに該当しそうです。もちろん、さらに仮説アイデア同士の関係性を深く追究すれば、少し結論は変わってくるかもしれません。

　皆さんなら、この要因仮説をどのように構築し、結論を導き出していくでしょうか。ご自身で考えてみてください。

ケース4　残業時間が多い（減らない）

■ 要因仮説をつくる

　リモートワークの進んだ企業などでは、いわゆる「残業問題」というのも一昔前の話かもしれません。でも、これを残業問題から、「非効率な業務の進め方」に読み替えると、どの職場にも当てはまる普遍的な問題ととらえることができるでしょう。

　では、この問題に取り組んでみましょう。

　まずは、問題解決プロセスのSTEP 2として現状把握を行うわけですが、これは、シンプルに曜日や月といった「時間軸」と、どの職種、どの部署（または誰）という「場所や人軸」を切り口に、残業が多いタイミングや場所、職種などを特定することが多いでしょう。

　もちろん、何か業務のプロセスごとに区切って、どのプロセスに最も非効率な業務が存在するのか、という軸で見るのも有効ですね。

　このSTEP 2の現状把握は、あまり難しくはないので、その次のSTEP 3（要因特定）の要因仮説をつくるところからやってみましょう。

　どの職場でも、残業時間が多い要因として真っ先に挙がってきそうな仮説アイデアは、次のようなものではないでしょうか。

- 仕事の絶対量が多い
- 上司が厳しい
- 職場の（1人だけ先に帰れない）空気

● 締め切りが厳しい

　では、これまでのケースと同様に、上記の仮説アイデアをもとに考えられる要因仮説について、ロジックツリーを活用して整理してみましょう。

図４−10　ケース４のロジックツリー（第１段階）

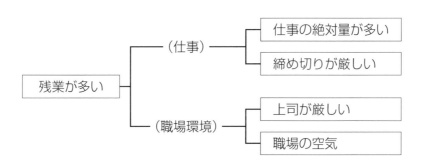

　図４−10では、先に挙がった４つの仮説アイデアを「仕事」と「職場環境」というカテゴリーでまとめました。カテゴリーをアレンジして、さらに思考を広げても良いですし、"なぜなぜ"によって各仮説アイデアの右側にさらに深掘りしていくのも良いでしょう。皆さんは、どのように仮説の思考を広げていくか、ご自身で考えてみてください。

■ 仮説の思考を広げる

　まずは、「上司が厳しい」という仮説アイデアをヒントに、職場環境に関する要因と、そこで働く人の要因は別物（＝解決するときに手段が異なる）と考え、次ページの**図４−11**に示したように第１段目に「人」のカテゴリーを追加しました。

　「仕事」のカテゴリーにおいては、これも業務オペレーションに関するものなので、「質vs量」のペアコンセプト（「質の要因」と「量の要因」）をまず置いた上で、その中に入るものを考えました。既に挙がっていた「締

め切りが厳しい」という仮説アイデアに加え、仕事の"質"を業務の内容と、それを管理・調整・マネージすることとしてとらえ、「業務の難易度が高い」と「マネージャの仕切りが不適切」を追加しました。

図4-11　ケース4のロジックツリー（第2段階）

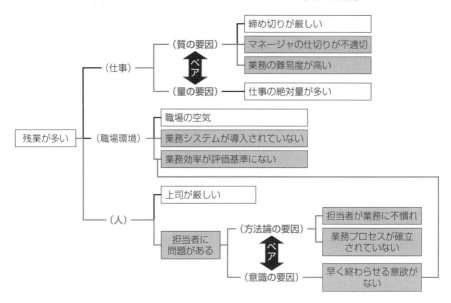

　「人」のカテゴリーにおいては、上司と担当者の問題に分け、「担当者に問題がある（やるべきことをできていない）」に対して「方法論vs意識」のペアコンセプトを当てはめ、「方法論の要因」と「意識の要因」の2つのカテゴリーに分けてみました。

　また、「意識の要因」というカテゴリー内で立てた「早く終わらせる意欲がない」要因の1つとして、「職場環境」のカテゴリー内で立てた「業務効率が評価基準にない」があると思い、つなげてみました。

　これで、かなり要因候補（仮説アイデア）が出てきましたが、さらに一歩進めるには、どうしたら良いでしょうか？

図4-12　ケース4のロジックツリー（第3段階）

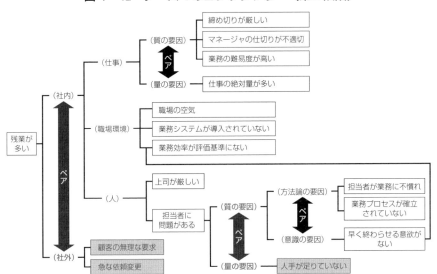

　まず、「担当者に問題がある」という要因仮説について、担当者も業務オペレーションを行う主体そのものなので、改めて「質vs量」というペアコンセプトを当てはめて、**図4-12**に示したように、「質の要因」と「量の要因」の2つのカテゴリーに分けました。すると「人手が足りていない」という基本的なことが抜けていたことにも気づけました。

　また、前ページの**図4-11**のロジックツリー全体を俯瞰してみると、図中の要因仮説の候補（仮説アイデア）はすべて「自社内」に限られた要因であることに気づくかもしれません。すると、抽象度を一段上げたペアとして「社内vs社外」というカテゴリーをつくることも有効ではないでしょうか。その結果、「社外」を「顧客」ととらえると、自社内だけの要因では説明がつかない残業が多い原因があることに気づけるはずです。

　紙面と時間が許せば、まだ仮説の思考を広げることができそうな気がしますがいかがでしょうか。

サービスやイベントの
集客を増やしたい

■アンケートや調査を実施するときに陥りやすい落とし穴

　自社のサービスに直結させるためのスマホアプリやWeb記事の配信、企業が主催する様々なイベントなど、ネット、リアル双方の場でより多くの人に参加、利用してもらいたいものです。ところが実際には、思ったほど利用者や参加者が増えなくて困っている、という悩みを、様々な業界の企業をサポートしていると、よく耳にします。

　何かしら客観的な情報に基づいて、どこに問題があり、どのように解決すべきなのかを判断する必要があるため、アンケートや他の調査を実施するなどして情報収集を行わなければいけません。

　アンケートにせよ、他の調査にせよ、どのあたりに要因があり、どのような対策につなげることができるのか、仮説を持った上でアンケートや調査の質問項目の選定を行う必要があります。ここでは、そのための要因仮説を挙げるケースを取り上げます。

　このようなケースで多いアプローチが、「XXサービスを利用した人はどういう属性で、何が理由で利用したのか」を分析しようとするものです。もちろん、ネット上のサービスであれば、利用者に関する様々なデータを入手することも可能で、これらの分析や検証も比較的容易に可能でしょう。

　では仮に、「XXXの属性にある人たちが、○○という理由で主にサービスを利用している」ということがわかったとして、そのポイントを強化することで、期待どおりに利用者の増加につながるのでしょうか。

図4-13 利用者を増やすために着目すべき「要因」の2つの側面

【要因】

| サービスを**利用した**
理由は何か？ | サービスを**利用しなかった**
理由は何か？ |

【方策】

特定された要因をさらに**伸ばす**
ことにより利用者を増やす

特定された要因を**改善する**
ことにより利用者を増やす

　確かに、サービス利用者と同じような属性や必要性を持ったグループに気づいてもらえれば、利用者が一定数増えることでしょう。ところが、「これまで利用／参加したことがない人」に対してのアプローチがすっぽり抜けてしまっている、ということはないでしょうか。

　実際には、「利用したことがある人およびその属性や需要に近い人」のグループよりも「これまで利用したことがない人」のグループのほうが圧倒的に大きいことは珍しくありません。

　となると、実は"大きな魚（＝これまで利用したことがないグループ）"を視界（＝仮説）から除外してしまっているかもしれません。この点も十分考慮した上で、"誰に何を聞くべきか"、"誰からどのような情報を入手すべきか"を仮説として織り込む必要があります。

　これについても、自分が考えている範囲や内容を、これまでのケースと同様に、構造化および可視化することでカバーできるはずです。では、実際に「要因仮説」をつくってみましょう。

　ちなみに、この要因仮説に基づいてアンケートの質問項目を設計するときには、質問項目とは別に回答者の属性（年齢や性別、居住地域など）や、このサービスを知ったきっかけなどの基本事項も併せて聞いておくべきだとは思います。それによって、どのような属性の人が、どのような要因で「利用する、または利用しない」のかという傾向がより詳細に見られる可

能性があるからです。

■ 要因仮説を整理する

　図4−14では、まず利用した人と未利用の人のそれぞれの理由、すなわち「利用の要因」と「未利用の要因」のペアを最初につくりました。それぞれ異なる要因が背景にあるはずで、双方を知った上で対策につなげたいと考えたからです。この点を見落とさないように、第1段目で双方のカテゴリーを配置しました。

図4−14　ケース5のロジックツリー（要因仮説を整理する）

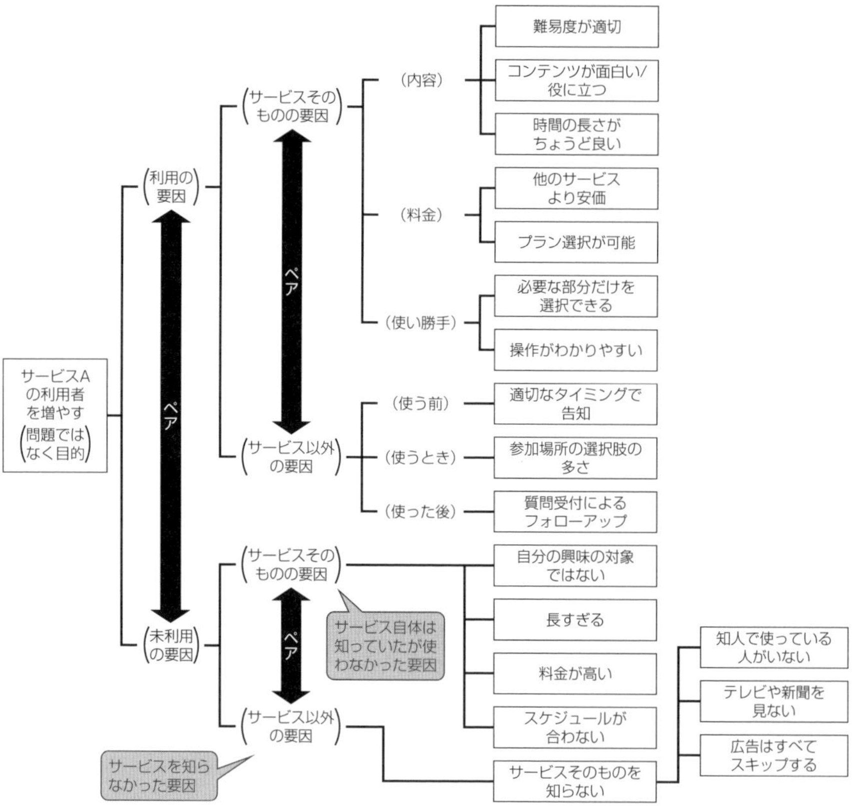

次に、要因の範囲をサービスそのものだけに絞らずに、提供するサービス以外の要因もあるはず、という仮説をもとに、「サービスそのものの要因」と「サービス以外の要因」のペアのカテゴリーをつくりました。

　このように、いきなり個別の仮説アイデアを並べるのではなく、**“全体としての大枠”**を抜け漏れがないようにカテゴリーアプローチやペアコンセプトを駆使しながら組み立てていきました。

　「利用の要因」のサービスそのものに関するカテゴリーとして、「内容」「料金」「使い勝手」の３つをつくりました。これは、有名なマーケティングの４Ｐ（Product：商品、Price：料金、Place：流通、Promotion：プロモーション）を頭に置きながら、最後のプロモーションを除く３つから導き出しました。その上で、プロモーションに関する部分を、「サービス以外の要因」のカテゴリーに入れました。さらに、その中を「使う前」「使うとき」「使った後」という３つの時間的プロセスにカテゴリー分けしました。

　これらの“枠（カテゴリー）”をつくってから、その“中身（仮説アイデア）”を、それぞれの枠内で考えて挙げていきました。なお、紙面のスペースもあって書き切れないため、本当はもっと多くの仮説が挙げられると思います。

　同様に、「未利用の要因」についても、「サービスそのものの要因」と「サービス以外の要因」のペアに分けて枠（カテゴリー）をつくりました。このペアの意味を再度考えてみると、前者は「サービス自体は知っていたが使わなかった要因」、後者は「サービスを知らなかった要因」と読み替えることもできそうです。ペアのカテゴリーの表記を、そのように書き換えてしまっても良いかもしれません。

　このあとも必要に応じて、適切なカテゴリーを設けて、その中で要因（仮説アイデア）を考えていけば良いのです。

ここで、「サービスそのものを知らない」という仮説アイデアについては、ここで終わりにしてしまうと、その対策として「サービスを知ってもらえば良い」という単に要因を裏返しただけの実現性の低い方策が出てきてしまうことが容易に想像できます。そこで、もう一段"なぜなぜ"で深掘りを行い、「知人で使っている人がいない」「テレビや新聞を見ない」「広告はすべてスキップする」という3つの仮説アイデアを追加しました。

　サービスの利用者を増やす仮説としては、上記のように考えて、それをもとにアンケートや調査の質問項目の作成につなげると抜け漏れが減り、各質問の関係性や位置づけが明確になるのではないでしょうか。
　ただし、仮説づくりとは別に、現実の問題として悩ましいのは、サービスの未利用者をどのように特定し、どのように情報を入手するかの検討と実現が容易ではないことです。
　これが難しい場合、利用者の情報から、良かった点をさらに伸ばす、という対応しか実際できないのですが、先に述べたとおり、その対策は必ずしも未利用者の利用促進につながる保証がどこにもないのです。

　仮説をつくりながら、その点をどのように克服するのか、もしくは、その点も考慮しつつ仮説をつくっていくのかなど、検討が必要です。

ケース6 社内のデジタル化が進まない

■カテゴリーから考える

　日常の業務や顧客向けサービスのコスト削減や効率化などをデジタル化（ＩＴ化）によって実現しようという動きは、多くの組織で進んでいます。

　一方で、デジタル化してもコスト削減や効率化がなかなか実現しない組織や、デジタル化を全く進める気配もない組織も存在します。デジタル化を進めないと、世の中や競合に遅れを取るといった危機意識から前に進もうとする場合、「なぜ、これまでデジタル化を進めることができなかったのか」「解消すべき障害は何か」を理解しなければ、デジタル化に苦労するばかりでなく、失敗に終わるリスクが高まります。

　本ケースでは、一般論として「組織の中でデジタル化が進まない」要因について考えてみましょう。

　最初に思いつく要因（仮説アイデア）は、次のようなものでしょうか。

- 上層部が本気でない
- 変革に対する（メンバーの）意識が低い
- 組織内に専門家がいない
- 何をすれば良いかわからない
- 予算がない

　これまでのケースと同様に、まずは、これらの仮説アイデアを拠り所に構造化を進めることもできます。一方で、より高いスキルアップを目指し

たい人は、これらのアイデアも頭の隅に置きつつ、ゼロベースで構造化することにチャレンジしてみてください。

　その場合、どのようなカテゴリーで枠を決めていけば良いかから考えてみれば良いでしょう。最初から適切な構造化ができなくても、作業途中で試行錯誤しながら調整、変更をすれば良いのです。まずは、手を動かしてみましょう。そして、手を動かしながら考えてみましょう。

図4−15　ケース6のロジックツリー（第1段階）

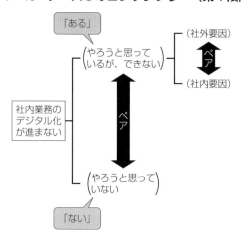

　図4−15では、最初に思いついた具体的な仮説アイデアを一旦脇に置き、まずは全体の枠をカテゴリーでつくってみました。「やるべきことができていない」問題については、「方法論vs意識」のペアコンセプトを使うことが多いのですが、今回は「あるvsない」のペアコンセプトを使って最初のカテゴリーを分けました。

　ここで、「ある」とは、「やろうと思っているが、できない（やる気はあるにもかかわらず、できていない）」要因であり、「ない」は「やろうと思っていない（やる気がない）」という意味です。前者の「ある」の中に「方法論」に関する要因だけでなく、より広い視野で要因がありそうな場合には、この「あるvsない」のペアコンセプトが「方法論vs意識」のペアに比

べてより柔軟かつ有効です。

　さらに、「やろうと思っているが、できない」というカテゴリーの中には、「社内要因」と「社外要因」があるだろうと考えました。この発想に私が至ったのは、「社内で予算が取れなかった場合や、反対派が多数いたりした場合は難しい」ということは容易に想像がつきますし、行政などのサポートをさせていただいている私にとっては、業務内容によっては自分たちの意思だけでは簡単にデジタル化を単独で進められない業務もあることをよく知っているためです。その意味では、ある程度、自分の予備知識をベースにしながら、それを一般化することでカテゴリーを考えています。

　次に、このカテゴリーに入る具体的な仮説アイデアを考えていきます。事前にカテゴリー（枠）を与えられていると、やはり仮説アイデアを整理しやすく、かつ考えやすいことを実感します。

図4-16　ケース6のロジックツリー（第2段階）

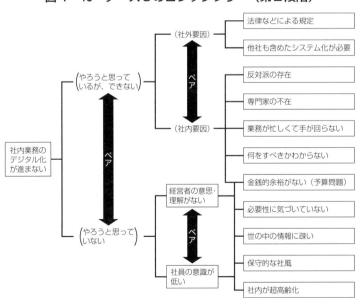

最初につくったカテゴリーに沿って、アイデアを埋めていったロジック
ツリーが前ページの**図４−16**です。
　これだけでも、それなりに網羅性と論理性があるようにも感じますが、
もしあと一息広げる、または深掘りするとすれば、どのようにしますか？

図４−17　ケース６のロジックツリー（第３段階）

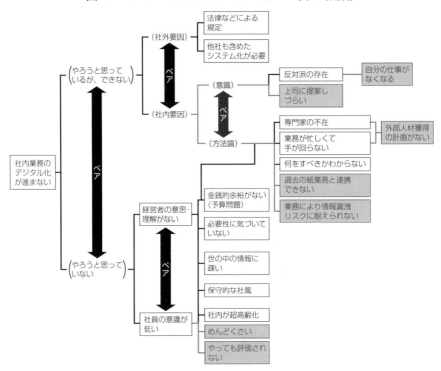

　図４−17は、思考をもう少し深掘りした一例です。組織によって、まだ
まだデジタル化が進まない要因となりそうなものがあるとは思いますが、
グレーで追加部分を示しました。
　特に、「社内要因」のカテゴリーをさらに「方法論vs意識」のペアコン
セプトで分けたことにより、それぞれのカテゴリーに入る仮説アイデアを
追加で想定しやすくなりました。

また、構造化していく中で、複数の仮説アイデアとつながりを持つ仮説アイデアが出てきています。必要以上に仮説アイデア間の関係性を厳密に明らかにすることにこだわる必要がないことは既に述べましたが、少なくとも、このあとのプロセスであるSTEP 4で方策（結論）を検討する際には、こうした複数の要因（仮説アイデア）とつながりを持つ要因（仮説アイデア）を優先的に確認しておくことは大切です。なぜなら、その要因の解決により、複数の上位要因が解決できるからです。

■仮説づくりのスキル上達のために必要なこと

　以上、6つの実践ケースで、仮説づくりの考え方の順番とテクニックの応用例を紹介してきました。第3章までの内容を研修やセミナー、大学の授業などで紹介した上で、いくつかの演習をやると「もっと多くの演習をしたい」「何か見本となるケースは、どこかで手に入らないのか」というご意見をいただくことが多々あります。

　ここで紹介したケースが、その一助となれば良いと思う一方で、このような正解がない課題に対して、必要以上に他人のやり方や考え方に染まり切らないことも大事だなと感じます。ぜひ、ここで紹介したケースを"理解"して終わりではなく、（ここで紹介したケース以外の問題、例えばご自身の業務の問題、組織の問題などを）時間をしっかり取ってご自身で考えていただきたいと思います。それが、仮説づくりのスキル上達の近道です。

　また、本章で紹介したケースの多くは、カテゴリーアプローチやペアコンセプトなどのテクニックを使いながら、仮説を広げていくプロセスと考え方を順番に紹介することを目的とし、一般的な問題に対して要因仮説づくりを直接始めたため、そこから導き出される仮説の数や広さもかなり多いものとなっています。

　ただし、問題解決あるいは企画提案プロセスのSTEP 2の現状把握で、問題の絞り込みが十分にできていると、その絞り込まれた問題の部分にお

ける要因仮説を考えることになり、本章で扱ったケースほど仮説の思考が発散することは少ないと思います。

　すなわち、「売上はなぜ落ちたのか？」の理由を考えるよりも、例えば「8月の関東地方での60代男性向けの売上はなぜ落ちたのか？」の理由を考えるほうが、より具体的に絞られた範囲で要因を仮説検討できる、ということです。本来は、しっかりSTEP 2において、問題や現状の解像度を上げて現状把握するようにしましょう。

第 5 章

データ分析による仮説検証

「主観である仮説」を
「客観であるデータ」で検証する

■データを活用して仮説の検証を行うメリット

本章では、ゴールに対して立てた仮説、具体的には「現状仮説」と「要因仮説」をそれぞれ検証する手段の1つとして、私が専門としているデータ（分析）を活用する方法を紹介します。

データの活用自体は、数ある仮説検証手段の1つでしかありません。とはいえ、以下の観点で、とても有効な手段だと考えています。

---

①自分が直接知り得ない客観情報を広く集めて知ることができる

②情報を収集しやすく、また収集したものを整理、加工しやすい

③指標やグラフなどに集約することで、相手にも伝えやすく、理解されやすい

特に、①は、いくら仮説を網羅的、かつ論理的に完璧な形でつくったとしても、あくまでそれは「主観」の域を脱しません。それらの仮説を自分の持っている（知っている）主観的な情報だけで、「この仮説のとおりに決まっているよね。私、知っていますから」と裏づけたとしても、誰も納得することはないでしょう。

そのため、より広く情報を集めた"**客観的な検証**"が重要になるのです。

なお、本書は「データ分析」の本ではなく、その方法論や考え方の詳細については、ぜひ他の拙著を参考にしていただくとして、最低限、かつ、すぐに取り掛かることができる仮説の検証法を紹介したいと思います。

■仮説を検証するときに陥りがちな心理状況

　ただ、方法論を紹介する前に、とても重要な考え方を再確認しておきましょう。

　実際に検証をする段階になると、自分がつくった仮説が"正しいこと"を証明したくなる心理状況に陥りがちです。

　「自分の仮説が合っていれば〇、そうでなければ×」と思ってしまうわけです。

　そうなると、「自分の仮説が正しいことを立証すること」が検証のゴールに、いつの間にか（自分の中で）すり替わってしまうのです。その結果、都合の良い情報やデータを無意識に（時に意識的に）集め始め、仮説どおりの結果が出るまで、扱うデータの期間を入れ替えたり、「外れ値」と呼ばれる極端な値のデータを入れたり取り除いたりするなど、いろいろな"手を加える"作業を繰り返すようになります。

　こうした状況、身に覚えはないでしょうか。

　特に、提案資料を明日までに仕上げて、部長承認を取らないと間に合わないといったケースは、実務の現場で常にありますよね。その渦中にいる人は、「**最短で**」「（誰もが納得して承認されやすい）**都合の良い**」結果を猛烈に求めがちです（サラリーマン経験が長い私も、その気持ちは痛いほどわかります）。

　しかし、この時点で、「良い仮説」をつくった努力とメリットがすべて台なしです。

　仮説は、あくまで可能性があるものを広くつくったもので、すべてが「事実」である可能性は低い前提です。その上で、これらを検証することで、どこが事実と言えそうか、どこが事実と言うには無理があるかを"判別"することが目的です。

そのため、「検証したら、仮説のとおりではなかった」というのも、事実が１つ判明したという意味で、「**失敗ではなく、むしろ成功**」と言っても良いでしょう。

　例えば、「いつも皆さんがＸＸＸと言っていたり、それ前提で業務が回ったりしていますが、その前提（仮説）をデータで客観的に検証したら、そうではありませんでしたよ」という内容（事実）は、非常に価値が高い情報で、これまで効果のなかった施策や業務を一度立ち止まって見直すきっかけにもなるからです。

　それでは、以上のことも念頭に置きながら、データを使った実際の検証のテクニックやポイントについて説明していきましょう。

「現状仮説」をデータで検証するには？
──比較・評価の視点

■ 「現状仮説」の検証で確認すること

　問題解決あるいは企画提案のプロセスのSTEP 2で必要な「現状把握」とは、単に“今、どうなっているの？”がわかれば良いというものではありません。ゴールに沿った適切な切り口で解像度を上げ、できるだけ具体的に現状や問題が客観的にクローズアップされることを目指します。

　例えば、「**売上額の減少を商品別という切り口で分解し、問題点（現状）を把握したい**」といった仮説に対して、どのようにデータで検証すれば良いのでしょうか。

　この問いに対して、「商品別の売上額実績のデータを集めて、グラフにでもすれば良いのでは？」が、一番多い回答ではないでしょうか。では、そのとおりに、仮説の検証をやってみましょう。

　図5-1では、商品ごとにXX年度の売上金額の実績をグラフ化しました。

図5-1　売上額の商品別実績

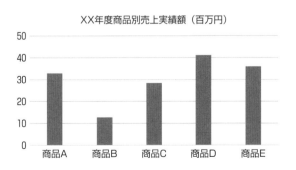

XX年度商品別売上実績額（百万円）

では、このグラフの問題点はどこでしょうか？

「商品Bですよね」という声が聞こえてきそうです。

確かに、すべての商品（ここではA〜Eとします）の中で、商品Bの売上実績額が一番低いのは事実です。でも、その商品Bが、今見ている問題を引き起こしている犯人として特定しても良いのでしょうか？

■ 適切な情報を得るためのデータの見方

ここでは、データを適切に扱い、適切な情報を得るための重要なポイントを2つ押さえておきましょう。

①同じデータでも、その見方により得られる情報が異なる

そもそも、問題は「売上が低い」ことではなく、「売上が減少している」ことでした。つまり、金額の高低は今、対峙している問題とは直接関係ありません。むしろ、減っているかどうか、そして、その減り方はどうなのかが、今の問題と直結します。

となると、「高いか、低いか」ではなく、「どのように減っているのか」を見なくてはならないわけです。すなわち、"推移"を見るということです。一例として、先ほどのXX年度の売上実績データを年度の前半と後半に分け、その月平均がどのように「推移」したのかをグラフにしてみます。

図5-2 商品別売上実績の推移

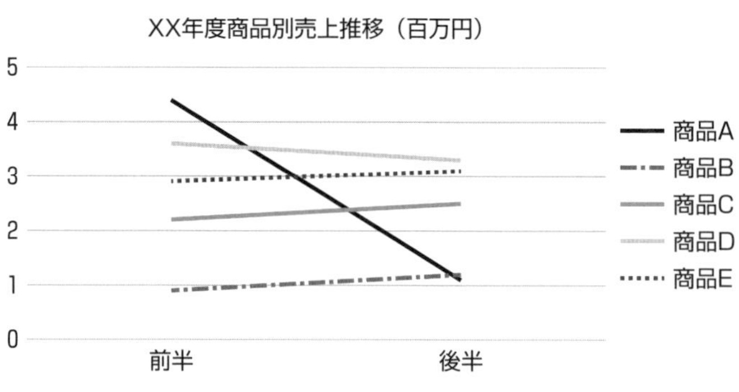

XX年度商品別売上推移（百万円）

商品A
商品B
商品C
商品D
商品E

前半　　　　　　　後半

図５−２のグラフから、「どの商品が売上減少の犯人ですか？」と問われれば迷わず、「商品Ａですね」となるでしょう。

　商品Ｂは売上額としては小さいものの、減少という意味では全く足を引っ張ってはいないわけです。

　これは、かなり単純な例ですが、もっと複雑な問題や状況の中で同じように、データの扱いでミスを犯しているケースは少なくありません。それを防ぐためには、次のことを覚えておくと良いでしょう。

（1）ゴール（問題や目的）と合っているかどうか、常にチェックする
（2）データの見方の選択肢を常に意識しておく

　上記（2）のデータの見方の選択肢とは、先ほどの例のように、もとは同じデータであっても、それを「どう見るか」によって見えてくるものが異なるということです。とはいえ、データの見方は無限にあるわけではなく、原則は次の４つになります。

（Ａ）値の大きさ
（Ｂ）割合
（Ｃ）推移
（Ｄ）ばらつき

　普段、何も意識しないと、私たちは数字の値の大きさに着目します。それが、上記の（Ａ）であり、183ページの**図５−１**のグラフです。今回の例では、結果的に（Ｃ）の推移を使うことが適切でしたが、一般的には、その他にも（Ｂ）の割合（パーセントや分数）や（Ｄ）のばらつき（データ内の個々の数値の大小の幅）も選択肢としては存在します。ちなみに、（Ｄ）のばらつきは馴染みがない方が多いのではないかと思います。

この"ばらつき"という視点でデータを見るときには、標準偏差という指標やヒストグラムや箱ヒゲグラフといったグラフで可視化することが多いです。

なぜ、一般論として、4つのデータの見方の選択肢があることを意識することが重要かと言えば、この選択肢があることを意識していないと、目の前に提示されたグラフやパッと使いやすい（A）の値の大きさだけで（ゴールと合っていない）結論を出してしまいがちになってしまうからです。

ぜひ、この4つの選択肢を、データを見たときにすぐ引き出せる武器にしてみてください。

②結果を見るのではなく、評価をする

データを使って現状を把握するときに、結果だけを見るのではなく、「評価」ができているかどうかを強く意識してみましょう。では、結果と評価は何が違うのか、先ほどの売上実績の例を使って見てみましょう。

図5-3　商品Aの売上実績

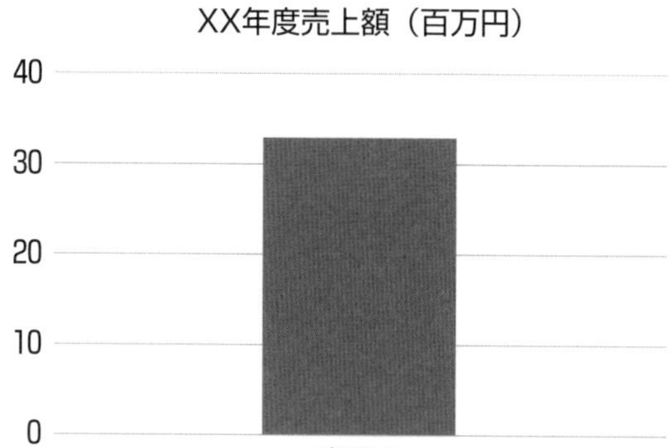

XX年度売上額（百万円）

図5−3は商品Ａの売上実績を可視化したものですが、このグラフから
わかるのは商品Ａの売上の「結果」です。具体的には、30（百万円）をち
ょっと超えたという結果がわかります。

　ところが、単純に結果報告をするためだけであれば、これでも良いので
すが、現状や問題の解像度を上げて、現状や問題を絞り込みたい場合には
情報が足りません。

　ここで必要となる情報とは、「商品Ａの売上は良かったのか、悪かった
のか」という **"評価"** です。解像度を上げるには、この評価をもとに、ど
こに問題があって、（問題ではなく）そのまま放置でも良いのはどこかと
いう判断ができる必要があります。

　そうした評価を行うためには、**"比較"** が必要です。何かと比較するこ
とで、はじめて評価ができます。つまり、**図5−3**のような単独のデータ
では、結果を示すことはできても評価はできないのです。

　その意味で、183ページの**図5−1**は、商品という切り口（軸）で商品
間の比較評価ができていることになります。それによって、売上実績の金
額の大小という観点からは、相対的に商品Ｂが低いという「評価」を得る
ことができました。

　184ページの**図5−2**では、同じく商品軸の比較を持ちながらも、デー
タの見方を **"推移"** に変えることで、ゴール（問題や目的）に沿った具体
的な問題の絞り込みを行うことができました。

　この例では必要となりませんでしたが、他にも各商品を他社の競合商品
とそれぞれ実績比較して、他社との相対的な競争力の評価などもできます。
その場合も、金額の大小だけでなく、推移やばらつきなどを見ることも、
ゴール次第では有効です。

　このような観点で、皆さんが普段目にしているグラフなどを再度見てく

ださい。何かと比較することで"評価"はできているでしょうか?

　また、データを使うゴールが明確化されており、そのゴールに適したデータ、そして見方が使われているでしょうか?

　これらの点をしっかり押さえながら、「現状(問題)は客観的に、こう評価できる」という内容を仮説検証の結果として導き出しましょう。

「要因仮説」をデータで検証するには？
——関係性の視点

■「要因仮説」の検証で確認すること

　ある問題に対する「要因」が何であるのか。その候補を「要因仮説」としてできるだけ多く想定した上で、これらの仮説が正しいのか否かを検証します。つまり、検証する内容は、次のとおりです。

> 問題解決の場合：
> "問題"と"要因（仮説）"とのつながり（関係性）があるか否か
>
> 企画提案の場合：
> "結論"と"根拠（仮説）"とのつながり（関係性）があるか否か

　問題解決の簡単な例で言えば、「売上額が下がっている」という"問題"に対して、以下の3つの要因仮説を立てたとします（当然3つでは少なすぎるのですが、あくまで単純化した例にします）。

> ①宣伝回数を減らしたから
> ②ネット上の情報アップデート頻度を下げたから
> ③口コミの評判が悪化したから

　この場合、①〜③のいずれかが「売上減少」という問題と関係性があることが客観的にわかれば、その仮説は正しかったと言えそうですね。

まず、問題（結果）を示す売上額と、それぞれの要因仮説について過去24週間分の動きをグラフにしてみましょう（**図5-4**を参照）。

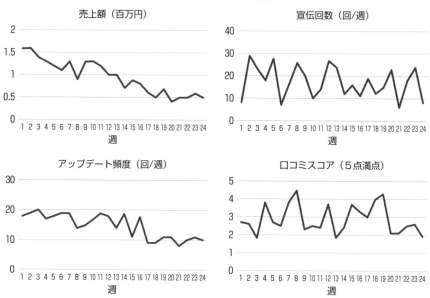

図5-4　週ごとの実績推移

　この例はシンプルであるため、**図5-4**のグラフをじっくり眺めることでも、売上と関係性がある要因が何かを掴めそうですが、より多くの要因や、もっと複雑な動きをするデータなどの場合、パッとグラフを見だけで判別することは難しいばかりでなく、人によって恣意的な判断をしてしまうリスクも生じます。

　そのため、問題（結果）と要因の関係性の有無、または結びつきの強さをできるだけ定量的、かつ客観的に分析する必要があるわけです。それを実現する分析手段はいくつもあるのですが、その中でも手軽に分析することができ、かつ分析結果を他者に伝えると理解されやすいものに絞って紹介したいと思います。

実際、私自身も自らの業務やクライアントの問題解決サポートなどでも、ほとんどのケースで、これらの分析方法を使っています。使いやすさと、わかりやすさ、結果の有効性の面からも、とてもおススメの手法です。

■ 方法1　散布図による関係性の可視化

　グラフの1つである「**散布図**」を使い、結果（問題）と要因の関係性を可視化して確かめる方法です。

　散布図というのは、図5－5のように、縦軸と横軸にそれぞれ異なる変数（指標）を用いて、縦横2軸の関係性をグラフにしたものです。このときに注意しておきたいのは、縦軸に「結果（この例では問題）」を示す指標を、横軸に「要因」を示す指標を使います。これを逆にすると、使い勝手が悪くなったり、見えにくくなったりします。

図5－5　散布図により関係性を可視化する

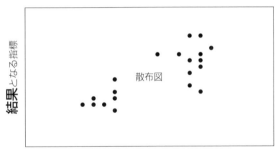

　この例の場合、縦軸には問題を示す「売上額」、横軸には各要因を示す指標を使うことになります。

では、売上額と各要因の関係性を示す散布図（**図5-6**）を見てみましょう。

図5-6 売上額と各要因仮説の関係性を示す散布図

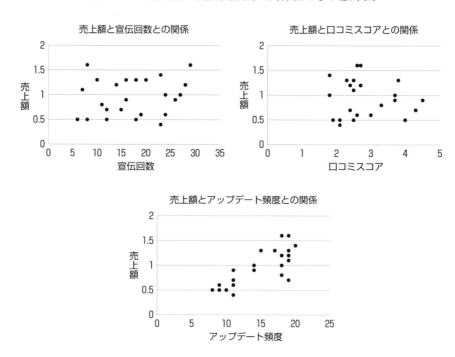

縦軸はいずれも売上額で同じで、横軸だけが各要因で異なっています。散布図中の1つの点が、ある週の売上額と各要因の結果を表しています。もし、縦軸と横軸の間に関係性があれば、その関係性がこのグラフから見えてくるはずですが、いかがでしょうか。

パッと見ただけの判断としては、**図5-7**に示したように、「アップデート頻度」との間に（やや）直線的な関係性が見られそうでしょうか。

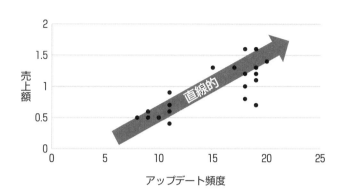

図5-7 売上額とアップデート頻度との直線的な関係

　直線的であるということは、「アップデートの頻度が高ければ高いほど、**売上額は上がる（逆も然り）**」という関係性があることを示しています。

　この例で言えば、縦軸である「売上額」という"結果"と、横軸である「アップデート頻度」という"要因"との間に"**因果関係**"があると言えそうです。

　一般論として、より厳密なことを言えば、グラフの縦軸が常に結果、横軸が常に要因と決まっているわけではなく（その逆のケースもあり）、因果関係を決めるにはより慎重さが必要ですが、少なくとも両者の間に「関係性」があることはグラフから言えそうです。

　この例においては、3つの要因仮説のうち、「②ネット上の情報アップデート頻度を下げたから」という仮説については、「売上減少」の要因として正しそう、ということになります。

■ 方法2　相関分析で関係性を定量化する

　散布図で示した結果が直線的と言って良いのか否か、先ほどの例ではわかりやすい結果であったため、この点でモメる可能性は高くないと思いますが、必ずしもこの判断が常に迷わずできるとも限りません。

その判断に迷うようなケースでは、散布図を見た人の主観で直線的かどうかを判断してしまうと、客観性というデータ分析の目的から逆方向に離れてしまうといった問題があります。

　そこで、この直線的な関係性の強さを客観的に数値でわかるようにすれば、この問題を解消できるはずです。そのときに使う分析手法の1つに「**相関分析**」と呼ばれるものがあります。

　相関とは、2つの物事の"関係性"を意味し、その関係性の"向き"によって、プラス（正）とマイナス（負）の相関関係が存在します。プラスの相関とは、一方の値が増えると、相関があるもう一方の値も増える、同じく一方が減ると、相関があるもう一方も減る、といった変化が同じ向きにある2つの関係性を示します。

　先ほどの例で言えば、アップデート頻度を減らすと売上額が下がるという関係性であれば、増減の向きが同じなので、売上額とアップデート頻度との間には「**正（プラス）の相関関係がある**」ということになります。このとき、この関係性を散布図で確認すると、（相関関係がある場合）右肩上がりの直線に近い関係が見られます。

　逆に、一方が増えると、もう一方が減る（逆も然り）といった増減が逆向きの関係性があるときには「**負（マイナス）の相関関係がある**」と言います。このときの散布図は、右肩下がりの直線に近い関係が見られます。

　相関分析によって、2つの物事の関係性がプラスなのかマイナスなのか、さらにその関係性の強さを、「**相関係数**」と呼ばれる−1から+1の間の数値で示すことができるのです。

　相関係数の値の評価は、厳密なルールとして決まってはいないものの、図5−8のように解釈されることが多いです。

図5−8　相関係数の解釈

　相関係数が−1に近いほど「負の相関」または「マイナスの相関」が強く、同様に相関係数が+1に近いほど「正の相関」または「プラスの相関」が強いことを意味します。また、相関のありなしの見極めは、負の場合−0.7から−0.5の間のどこかに線を引いて、それを下回れば「負の相関がある」と見なす人が多いと思います。同様に、正の場合、0.5から0.7の間のどこかにその線を引き、それ以上であれば「正の相関がある」と考えます。

　なお、0.5から0.7という数値も厳密な決まりではなく、その境界線も分析者によっては多少前後します。

　では、先ほどの例で挙げた3つの要因仮説について、それぞれの売上額との相関係数を見てみましょう。

　次ページの**図5−9**の散布図で見ても、縦軸と横軸との間に見るからに関係性がない2つの要因仮説（宣伝回数、口コミスコア）については、相関係数の絶対値も小さく、視覚的にも直線的な関係性が見られる「アップデート頻度」については、相関係数が0.80と高い正の相関があることが相関分析からもわかりますね。

図5-9　売上額と各要因仮説の相関係数

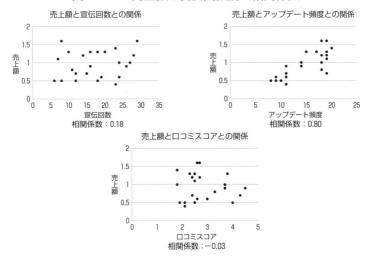

この相関分析は、MicrosoftのExcelを使えば簡単に行うことができます（もちろん、他の分析ツールでも可能です）。

相関は英語で「Correlation」と言いますが、その頭文字6つを使った「CORREL」という関数があります。

図5-10のように、「＝CORREL」に続くカッコの中に、相関関係を調べたい2つのデータの範囲を、カンマで挟んで指定します。

図5-10　ExcelのCORREL関数を使う

B6			×	✓	ƒx	=CORREL(B3:Y3,B4:Y4)																	
	A	B	C	D	E	F	G	H	I	J	K	L	M	N	O	P	Q	R	S	T	U	V	W	X	Y
1																									
2	週	1	2	3	4	5	6	7	8	9	10	11	12	13	14	15	16	17	18	19	20	21	22	23	24
3	売上額（百万円）	1.6	1.6	1.4	1.3	1.2	1.1	1.3	0.9	1.3	1.3	1.2	1	1	0.7	0.9	0.8	0.6	0.5	0.7	0.4	0.5	0.5	0.6	0.5
4	宣伝回数（回/週）	8	29	23	18	28	7	16	26	20	10	14	27	24	12	16	11	19	12	15	23	6	18	24	8
5																									
6	相関係数	=CORREL(B3:Y3,B4:Y4)																							

=CORREL(B3:Y3,B4:Y4)

相関分析は、2つの関係性を直線的か否かという基準で判断している点や、相関係数がいくつから「相関あり」と判断するかの基準が厳密でないという曖昧さは多少あるのも事実です。一方、相関分析や相関係数について理解している人は多く、また、その言わんとする内容も容易に理解できるため、検証結果を伝える相手の理解や共感、納得は得られやすく、手軽にできる強力な分析手法の1つと言えるのではないでしょうか。

■ さらに一歩進める思考法　グルーピングの発想で考える

　相関分析は、データ全体の傾向として直線的な関係性があるか否かを見る分析手法です。その観点で「宣伝回数」と「売上額」との関係性を見ると、**図5−11**のように、両者には関係性があるとは言えません。つまり、その**要因仮説は否定される**わけです。

　仮に、すべての要因仮説に対して相関分析を行ってはみたものの、1つも明らかに相関がある要因仮説（仮説アイデア）が存在しない場合には、あくまで手持ちの要因仮説と相関分析という方法だけでは万策尽きてしまうでしょう。

図5−11　グルーピングの例

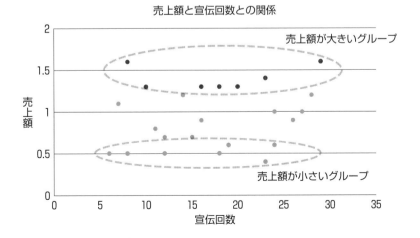

したがって、すべての要因仮説と結果（問題）に相関関係がない場合には、まずは要因仮説の足りなかった部分を再度考えてみることをおススメしますが、その際、仮説検証に使ったデータがヒントになるかもしれません。「データありきの仮説づくりは原則NGだ」と述べましたが、あくまで他に仮説アイデアとして万策尽きたときの一助にはなるかもしれないため、紹介します。

　例えば、先ほどの例では、「売上額」と「宣伝回数」の間には相関がないことが確認できたため、「宣伝回数を減らしたことが売上減の要因かもしれない」という仮説は否定されたわけです。
　ところが、改めて売上額と宣伝回数の散布図を眺めてみると、**図５−11**のように売上額が高いグループと、低いグループがあることが見て取れます。どこまでのデータをグループに入れるかは決まりがないため、まずは、ざっくりとグループ分けすれば良いと思います。
　次に、「売上額が高いグループ」に入っているデータ（この例では、１つの点がある週の結果を示しています）の共通点を探ってみます。ここでは、宣伝回数については多いものも少ないものも混在しているので、宣伝回数以外の共通点を探ります。

　一例ですが、「売上額が高いグループ」に入っている週は、同じ"宣伝"と言っても"ネット上の広告宣伝"をしたという共通点が判明したとしましょう。一方、同じく「売上額が低いグループ」も同じ観点で共通項を探してみると、これらの週にはネット上の宣伝ではなく、店舗の店頭での宣伝（ビラ配り、声掛け、実演など）であったことがわかったとしましょう。
　この事実、つまり各グループ内の共通点と、異なるグループ間の相違点が明確になれば、その違いが売上額の大小の要因だと言うことができます。

相関分析では、すべてのデータを使って、全体としての傾向（関係性の有無、関係性の強さ）を判定したのに対して、このグルーピングの考え方は、データの一部をグループでまとめることにより、そのグループ内の共通の要素に着目して要因を特定しています。

　考え方は極めてシンプルですが、難しい分析手法を用いなくとも、これで結構いろいろなことが判明する例は少なくありません。

「データがない」と嘆く前に考えるべきこと

■ データを活用するときの壁

　ここまで紹介してきた分析手法は、そのやり方を理解することのハードルはそれほど高くないものの、実際に自らの課題に応用して使おうとすると、次のような壁にぶつかり、頓挫してしまう例がたくさんあります。

> 「データさえあれば、できるのだけど」
> 「そんな都合の良いデータなんてない」

　もちろん、データがなければ、分析も検証もできないのですが、その「**データがない**」という状況の中身については、あきらめる前に一度考えてみる必要があるかもしれません。

　例えば、行政で扱うことの多いテーマの1つに、「XXXという施策が市民の健康につながっているか」というものがあります。この場合、「市民の健康」が"結果（問題）"であり、「XXXという施策」が"要因仮説"ということになります。

　では、この要因仮説をデータで検証してみましょう、となった途端に、「"市民の健康"データというデータはあちこち探し回ったけど存在しない、なので検証できない」となってしまいがちです。

　これは、"市民の健康"という言葉を"そのまま"抱えたまま、データを探そうとしていることに問題があります。

　その代わりに、次のように考えてみてください。

"市民の健康" を違う視点で、でも同じ傾向を示す他のものは何か？

要するに、市民の健康度を測るもの、健康かどうかを示すものは他にないのか、と自問してみるわけです。

その自問の結果、例えば、次のような代案が出てくればチャンスです。

- 一定期間に使用した医療費
- 通院回数／頻度
- BMIその他の健康指標

■ 有効なデータは身近に存在する

このように考えてみると、実在し、しかも入手可能なデータや情報は思いのほか、身近にあったりします。

そのデータで自分の仮説を、100％正確に検証する必要はありません。仮説が正しそうか否かを知るだけであれば、多少精度が下がっても、その傾向が大きくずれていなければ、検証の目的は達成されます。

この他にも、「地域ごとの市民の防災意識の高さ」をデータで検証したい、といった事例もありました。

「防災意識アンケート」の結果でもあれば良いのですが、なかなかすぐに手に入るものではありません。この事例では、各地域の "防災保険の加入率" データを代用して、この "防災意識の高さ" のバロメータとしたことがあります。とても良い発想だと思いました。

このように、工夫と発想次第で、「直接のデータがない」という問題を克服することができる場合があります。このあたりがデータ活用の難しい点であると同時に、「面白い」点でもあるのです。

手法や計算以外の問題でデータによる検証が うまくいかない理由

■ 仮説検証に影響を及ぼす作業者の心理

既に一部触れましたが、仮説検証作業を行う作業者の心理的要素は無視できないと感じています。

つまり、「仮説が正しいことを確かめる」ことがゴールになっていたり、さらには、その仮説自体が会社や上役の方針であったりした場合、「皆さんが正しいと信じてきた、この仮説、間違っていましたよ」と報告する組織人としての心理的ハードルは計り知れません。

それは、波風を起こして面倒なことになるのであれば、言われたとおりの仮説をそのまま確かめて、「確かに、そうでした」と言ってしまうほうが圧倒的に "無難" だからです。

ここまで紹介してきたクリティカル・シンキング的な発想は、この "無難" な思考に風穴を開け、あえて波風を立たせる行為とも言えます。クリティカル・シンキング的な発想によって、これまで誰も気づかなかった（表立って言わなかった）ことにも着目すれば、長年解決されずに放置されてきた問題に立ち向かうことができるのです。

■ クリティカル・シンキングに立ちはだかる心理的な壁

あとは、このクリティカル・シンキング的な広い仮説づくりにチャレンジする人が、時間的、組織的、心理的なプレッシャーにどこまで意識的に立ち向かうことができるかが勝負です。そして、思いのほか、このプレッシャーによって、自分の仮説づくりの思考範囲が無意識に狭められてしまうこともあるのです。

いくら「べき論」と、その「方法論」を知っていたとしても、この最後の心理的な壁を崩すことができなければ、すべて元の木阿弥と言えるでしょう。

　私自身も、自分が仕える上司、そして、さらに上の役員や経営者が「ここが問題だ、何とかしろ」と言っている課題に対応した際、いろいろな広い目で冷静に、その課題の背景の仮説を考えて調べてみると、「問題と言われていたことが、実はそうではなかった」ことが客観的に"判明してしまった"経験があります。私自身は、それを明るみに出して追究し、根本的な解決を目指そうとしたものの、周囲の反応は様々でした。
　「そんなことは良いから、言われたとおりの筋道でつくれ」や「お前が言っていることの証拠をすべて示せ」、「それだと社内のXX部署に対する影響が大きい」などなど、外部からのプレッシャーにどう対応すべきかが、仮説をどう立てて検証すべきかと同じか、それ以上に大変だった経験もあります。

　絶対的な正解はありません。
　皆さんであれば、どう対処するでしょうか。

　本書を手に取っていただいた皆さんには、ぜひ様々なハードルにチャレンジしつつ、しっかり成果を掴み取るスキルとマインドを身につけていただければと思います。

おわりに

本書を最後までお読みいただき、ありがとうございました。

仮説の大切さやロジックツリーなどを聞いたりしたことがあっても、それらの実践的な活かし方については知らなかったという方は多いのではないでしょうか。本書によって具体的なイメージを持つことができたでしょうか。

実は、本書の内容は、何年も前から執筆の可能性について考えていました。しかし、研修やワークショップ、授業としては展開してきたものの、書籍という形にまとめることを長年温存してきました。それは、抽象的な内容を一般化してまとめることの難しさに加え、やればやるほど奥深く感じられる「仮説立案」の考え方を、どのように効果的に可視化すれば良いのかを考え続けていたためです。

それらが具体的に見えてきたことと同時に、多くの実践事例（ケース）が蓄積されてきたこともあり、私としては感慨深い一冊がやっと完成したという思いです。

本書をお読みいただいて早速、身近な課題などに対して仮説づくりに挑戦された方や、職場や身のまわりで「当たり前」だと言われ続けていたことをクリティカル・シンキング的に見直してみた方などは、どのように感じられたでしょうか。

おそらく多くの方は、「本書の内容は理解したけれど、実際にやってみると難しい」という感想を持たれるのではないでしょうか。私のプログラムの受講者の多くも、同じような反応でした。

　実際に仮説づくりなどを実践された方は、本書で紹介した内容は「覚えて理解したら、すぐに使えて成果が出る」スキルとは別物であることに気づかれたはずです。

　もし、そう感じたのであれば、それに対する私の答えは「はい、そのとおり」です。

　おそらく、本書を読んで理解しただけでは、「質の高い」成果を出すことは難しいでしょう。

　自分なりのペアコンセプトや思考（発想）を広げる感覚やコツを掴み、本書の内容を自分なりに実践して満足できるような結果を出すためには、ある程度の"場数"や"経験"が欠かせないと思います。

　読者の皆様が、そのような実践の場数や経験を増やすスタートラインに立つための準備が本書をお読みいただくことで揃ったはずです。あとは、「正解のない／正解をつくる」旅に出発するだけです。

　様々なツールの出現により、人が知識を増やしたり、方法論（やり方）を覚えたりするというスキルの価値は相対的に下がっています。一方で、そうした知識や方法論を"いかに使うか"というスキルは価値を失わないばかりか、さらに高い価値として必要とされています。本書の内容も、後者の1つであると考えています。

　やればやるほど、そのスキルと価値は高めることができますので、ぜひ、あきらめずに挑戦し続けてください。

最後に、本書執筆に当たりお力添えいただいた日本実業出版社の皆様には厚くお礼申し上げます。

　今回、本書のほとんどを熱海や台北など多拠点に滞在して執筆しました。新たな働く環境の実践です。その間、協力してくれた妻明子、息子優基、娘朋佳の３人にも、いつもながら感謝しています。ありがとう！

2023年９月　柏木吉基

柏木吉基（かしわぎ　よしき）

データ＆ストーリー 合同会社代表（https://www.data-story.net）、データ分析・ロジカル・シンキングを武器とした課題解決トレーナー、横浜国立大学非常勤講師、多摩大学大学院客員教授。

慶應義塾大学理工学部卒業後、日立製作所入社。在職中に欧米両方のビジネススクールで学び、ＭＢＡを取得。その後日産自動車へ転職。海外マーケティング＆セールス部門、ビジネス改革グループマネージャ等を歴任。グローバル組織の中で、数々の経営課題の解決、ビジネス改革プロジェクトのパイロットを務める。2014年独立。データを活用し成果を出すための思考法やテクニックをわかりやすく伝える著書や講義には定評がある。

世界130か国を踏破。ミニバスケットボール公認コーチ。バスケットボール歴42年（現役）。2人の子供の父。

著書に、『「それ、根拠あるの？」と言わせない データ・統計分析ができる本』（日本実業出版社）、『問題解決ができる！武器としてのデータ活用術』（翔泳社）、『それちょっと、数字で説明してくれる？と言われて困らない　できる人のデータ・統計術』（ＳＢクリエイティブ）などがある。

思考を発散させて可能性を広げるクリティカル・シンキング
結局、仮説で決まる。

2023年11月1日　初版発行

著　者　柏木吉基　©Y.Kashiwagi 2023
発行者　杉本淳一

発行所　株式会社日本実業出版社　東京都新宿区市谷本村町3−29 〒162-0845

編集部　☎03-3268-5651
営業部　☎03-3268-5161　振替　00170-1-25349
https://www.njg.co.jp/

印刷／木元省美堂　製本／若林製本

ISBN 978-4-534-06054-9　Printed in JAPAN

「それ、根拠あるの?」と言わせない データ・統計分析ができる本

初めて事業プランをつくる新人の、データ集めからリスクや収益性の見積り、プレゼン資料作成までのストーリーを通し、知識ゼロでも仕事でデータ・統計分析を使いこなす方法を紹介。

柏木吉基
定価 1760円(税込)

武器としての戦略フレームワーク

問題解決・アイデア創出のために、どの思考ツールをどう使いこなすか?

SWOT、3C、リーンキャンバスなど数多のフレームワークを、戦略の策定・実行シーンでどう使い、どのように論理×直観を働かせて問題解決やアイデア創出を行なうかを実践的に解説。

手塚貞治
定価 1980円(税込)

3分でわかる ロジカル・シンキングの基本

MECE、ピラミッド・ストラクチャー、仮説思考、フェルミ推定、イシュー・ツリーが1項目3分で手軽にわかる。仕事に役立つ「考える技術」が誰でも身につく入門書。

大石哲之
定価 1540円(税込)

思いつきって、どうしたら 「自分の考え」になるの?

何となく思っていることや直感的に感じたことを、数学的思考で根拠のある自分の意見として論理的に表現するスキルを身につける方法をストーリー形式で、やさしく解説。

深沢真太郎
定価 1650円(税込)